우리는 나라를
회복할 것입니다

**독립운동가
45인의 말**

김구 외 지음

우리는 나라를
회복할 것입니다

창비

독립운동가들의 말을 담으며

2025년 8월 15일, 우리는 광복 80주년을 맞습니다. 해방의 기쁨이 온 나라를 적셨던 그날로부터 여든해가 흐르는 동안 우리나라는 전쟁과 갈등, 가난과 독재를 딛고 눈부신 발전을 이루었지만, 나라 잃은 상처와 그것을 회복해낸 의지는 여전히 우리 역사의 가장 깊은 곳에서 숨 쉬고 있습니다. 독립운동가들은 계급과 성별, 종교와 사상이 서로 달랐지만 나라를 회복하겠다는 한마음으로 자신의 삶을 불태웠습니다. 이 책은 바로 그 숨결을, 다시금 뜨거운 언어로 불러내고자 합니다.

선열들의 말과 문장 속에는 시대를 넘어 우리의 용기를 깨우는 정신의 햇살이 담겨 있습니다. 독립운동이란 추상적인 관념이 아니라 매일의 삶 속에서 옳은 길을 선택하려는 실천이라는 사실을 그들은 일러줍니다. 그들은 난관 앞에서도 "희망이 그것이로다"(신채호)라고 마음을 다잡았습니다.

이 책에는 독립운동가 45인이 남긴 말과 글 중에서 오늘 우리가 읽을 때 용기와 영감이 될 만한 것들을 추렸습니다. 누군가는 뒷산에 올라 나라의 장래를 통곡했고, 누군가는 먼 타향에서 조국의 새벽을 그리워했습니다. 모든 이들이 총과 펜, 그리고 생업을 가리지 않고, 할 수 있는 온갖 방법으로 독립을 도모했습니다. 그들의 기록에는 승리의 약속만큼이나 패배의 두려움, 그리고 다시 일어서려는 결의가 또렷이 새겨져 있습니다. 책장을 넘기다보면 100년 전 열사들의 생생한 숨결이 지금 우리 곁에서 말을 거는 듯합니다.

80년이 흐른 오늘, 우리는 한반도를 둘러싼 위태로운 국제 정세, 기후위기와 양극화, 민주주의의 새로운 도전에 직면해 있습니다. 독립운동가들이 목숨으로 증명한 정의와 연대, 그리고 책임의 가치를 오늘 우리의 언어로 되새기고 그 정신을 바탕 삼아 민주공화국을 다시 세우는 일이 절실해졌습니다. 그들이 꿈꾸었던 '나라다운 나라'는 단순히 국권만 회복된 곳이 아니라, 모두가 인간다운 존엄을 누리는 사회였습니다. 그리고 그 꿈은 여전히 오늘의 과제로 남아 있으며, 세계로 꽃피워갈 K민주주의의 씨앗이 될 것입니다. 독립운동과 광복은 완료된 역사가 아니라 지금도 계속되는 과정인 이유가 그것입니다.

 모쪼록 이 책 속 문장들이 각자의 일터와 가정, 그리고 우리가 다시 세워갈 공동체를 비추는 작은 등불이 되길 바랍니다. 독립의 꿈이 광복으로 귀결되었듯, 오늘의 민주주의도 결국 우리가 어떤 상상력을 품고 어떤 실천을 선택하느냐에 따라 내일을 달리할 것입니다. 선열들이 건넨 '희망'과 '책임'이라는 두 단어가 오늘 또다른 누군가의 하루를 일으켜 세운다면, 그 순간 우리는 이미 나라를 회복하는 길 위에 서 있는 것입니다.

2025년 8월

창비 편집부

차례

독립운동가들의 말을 담으며 · 4

김구의 말 · 9
안중근의 말 · 29
안창호의 말 · 43
윤희순의 말 · 63
한용운의 말 · 77
신채호의 말 · 97
여운형의 말 · 115
김마리아의 말 · 133
조소앙의 말 · 147
박차정의 말 · 163

그리고 더 많은 이들의 말 · 175

강평국 | 곽낙원 | 김규식 | 김란사 | 김명시 | 김알렉산드라
김좌진 | 김창숙 | 김향화 | 남자현 | 동풍신 | 박은식 | 박자혜 | 방정환
손병희 | 신규식 | 안경신 | 유관순 | 윤봉길 | 윤형숙 | 이봉창
이상설 | 이원록 | 이회영 | 정인보 | 조마리아 | 조만식 | 조신성
주세죽 | 주시경 | 지청천 | 차미리사 | 최용신 | 최재형 | 홍범도

일러두기

1. 이 책에 수록된 독립운동가들의 말과 글은 해당 인물이 직접 집필한 문서나 어록으로 전해지는 자료를 토대로 발췌한 것이다.
2. 오늘날의 독자에게 익숙하지 않은 한자어나 예스러운 표현은 현대어에 가깝게 교열했다.
3. 각 글의 제목은 편집자가 독자의 편의를 위해 임의로 붙인 것으로 원문의 제목과 다를 수 있으며, 원문 제목이 전해지는 경우 주석에 명시했다.

김구의 말

1876 — **1949**
08.29.   06.26.

김구
金九

황해도 해주 출신의 독립운동가이자 대한민국임시정부 주석. 동학농민운동에 참여한 뒤 명성황후 시해에 대한 복수로 일본군 장교를 처단하고 투옥되었으며, 이후 불교 입문과 환속을 거쳐 교육과 계몽운동에 힘썼다. 3·1운동 후 상해로 이주해 임시정부에 합류, 독립운동의 지도자로 활약했다. 한인애국단을 조직해 이봉창, 윤봉길 등의 의거를 주도했고, 광복군 창설 및 임시정부 통합에 기여했다. 광복 후 남북 통일정부 수립을 위해 노력했으나, 1949년 암살당했다.

시련과 고난을 피하지 아니하겠다

친애하는 자매 형제여,

우리의 살길은 자주독립의 한길뿐이다.

이 길이 아무리 험악하다 하여도

살고자 하는 사람은 아니 가지 못하는 길이다.

주저하지도 말고 유혹받지도 말고

앞만 향하여 매진하자.

내가 비록 불초할지라도

이 길을 개척하고 나아가는 데는

앞에서 나아갈 각오와 용기를 가지고 있다.

도끼〔斧鉞〕가 눈앞에 닥치더라도〔當前〕

도피하지는 아니하겠다.

1948년 3·1절 기념사.

나의 소원은 대한의 완전한 자주독립

나의 희망이나 소원은

첫째로 대한 독립이요,

둘째로 우리나라의 독립이며,

셋째로 우리나라 대한의 완전한 자주독립이다.

나의 소원은 언제 어느 곳에서나

단지 이것 하나밖에는 없다.

내 과거의 일흔 평생 이 소원을 위하여 살아왔고,

현재에도 이 소원 때문에 살고 있으며,

미래에도 이 소원을 달성하기 위하여 살아갈 것이다.

독립이 없는 나라의 백성으로

일흔 평생 동안 서러움과 부끄러움과

「민족통일의 재 구상」, 『대조』 1949년 3·4월호. 『백범일지』 1947년 국사원본 끝에 실린 「나의 소원」에도 이 글과 유사한 내용이 있다.

안타까움을 받아온 나에게

세상에서 가장 좋은 것은

완전하게 자주독립한 나라의 백성으로 살아보다

죽는 일뿐이다.

나는 일찍이 우리 독립정부의

문지기가 되기를 원하였거니와,

그것은 우리나라가 완전히 독립만 되면

나는 그 나라의 가장 미천한 자가 되어도 좋다는 뜻이다.

독립한 자기 나라의 빈천(貧賤)이

남의 밑에 사는 부귀보다

기쁘고 영광스럽고 희망이 많기 때문이다.

오직 한없이 가지고 싶은 것은 높은 문화의 힘

그러면 우리 민족은

과연 어떠한 나라를 세워야 할 것인가?

나는 우리나라가

세계에서 가장 아름다운 나라가 되기를 원하지,

가장 부강한 나라가 되길 원하지 아니한다.

내가 남의 침략에 가슴이 아팠으니

내 나라가 남을 침략하기를 원치 아니한다.

우리의 경제력(富力)은 우리의 생활을 충족할 만하고,

우리의 무력(强力)은 남의 침략을 막을 만하면 족하다.

오직 한없이 가지고 싶은 것은

높은 문화의 힘이다.

문화의 힘은 우리 자신을 행복되게 하고

「민족통일의 재 구상」, 「나의 소원」에도 유사한 내용이 있음.

나아가서 남에게 행복을 주겠기 때문이다.

지금 인류에게 부족한 것은 무력도 아니요, 경제력도 아니다.

자연과학의 힘은 아무리 많아도 좋으나,

인류 전체로 보면 현재의 자연과학만 가지고도

편안히 살아가기 때문이다.

우리는 우리의 것을 찾고

우리의 서울은 오직 우리의 서울이라야 한다.

우리는 우리의 철학을 찾고, 세우고, 주장해야 한다.

이것을 깨닫는 날이

우리 동포가 진실로 독립정신을 가지는 날이요,

참으로 독립하는 날이다.

우리는 우리의 시체로 성벽을 삼아서 우리의 독립을 지키고,

우리의 시체로 발등상을 삼아서 우리의 자손을 높이고,

우리의 시체로 거름을 삼아서

우리의 문화의 꽃을 피우고 열매를 맺어야 한다.

『백범일지』 국사원본 출간사, 1947.11.15.

곧 국권이 회복될 것이다

망국의 치욕을 당하고 나라 없는 아픔을 느꼈으나,

사람이 사랑하는 자식을 잃으면

슬퍼하면서도 살아날 것 같은 생각이 나는 것처럼,

나라가 망하였으나

국민이 일치 분발하면

곧 국권이 회복될 것같이 생각되었다.

『백범일지』.

민족마다 최선의 국가를 이루는 것이 지금의 과제

세계 인류가 너요, 나요 없이

한집이 되어 사는 것은 좋은 일이요,

인류의 최고요 최후인 희망이요, 이상이다.

그러나 이것은 멀고 먼 장래에 바랄 것이요,

현실의 일은 아니다.

사해동포의 크고 아름다운 목표를 향하여

인류가 향상하고 전진하는 노력을 하는 것은

좋은 일이요, 마땅히 할 일이나,

이것도 현실을 떠나서는 안되는 일이니,

현실의 진리는 민족마다 최선의 국가를 이루어

최선의 문화를 낳아 길러서

다른 민족과 서로 바꾸고 서로 돕는 일이다.

「나의 소원」.

이것이 내가 믿고 있는 민주주의요,

이것이 인류의 현단계에서는 가장 확실한 진리다.

자유 있는 나라와 자유 없는 나라

개인의 생활이 국법에 속박되는 것은

자유 있는 나라나 자유 없는 나라나 마찬가지다.

자유와 자유 아님이 갈리는 것은

개인의 자유를 속박하는 법이

어디서 오느냐 하는 데 달렸다.

자유 있는 나라의 법은

국민의 자유로운 의사에서 오고,

자유 없는 나라의 법은

국민 중의 한 개인 또는 계급에서 온다.

「나의 소원」.

여러분 자신부터 통일하십시오

여러분, 정부가 통일되지 못하고,

인민이 어떻게 통일하겠습니까.

통일할 줄 모르는 민족이

어떻게 통일된 국가를 건설하겠습니까.

우리의 운명은

우리가 통일되고 못되는 데서 결정될 것입니다.

여러분, 여러분은 남북의 통일된 조국을 원하십니까.

그렇다면 여러분 자신부터 통일하십시오.

여러분은 과연

명예로운 독립국 인민이 되기를 원하십니까.

그렇다면 여러분 자신부터 통일하십시오.

1945년 11월 7일 건국기원절(개천절) 기념사.

우리 자신의 진보를 추구해야 합니다

우리는 남을 원망하기에 열중하지 말고

저 자신의 진보를 구해야 합니다.

우리는 먼저 안으로 우리 민족 자체의 통일을 구하고,

밖으로 동맹국에 대하여 친선을 도모해야 합니다.

우리는 이와 같은 방법으로써

자유 행복의 통일된 신(新) 민주국가를

건설할 수 있는 것입니다.

1945년 11월 7일 건국기원절(개천절) 기념사.

삼천만 동포에게 눈물로 고함

나는 통일된 조국을 건설하려다가

삼팔선을 베고 쓰러질지언정

일신에 구차한 안일을 취하여

단독정부를 세우는 데는 협력하지 아니하겠다.

나는 내 생전에 삼팔선 이북에 가고 싶다.

그쪽 동포들도 제집을 찾아가는 것을 보고서 죽고 싶다.

궂은날을 당할 때마다 삼팔선을 싸고도는 원귀의 곡성이

내 귀에 들리는 것도 같았다.

고요한 밤에 홀로 앉으면

남북에서 헐벗고 굶주리는 동포들의 원망스러운 용모가

내 앞에 나타나는 것도 같았다.

「삼천만 동포에게 눈물로 고함」, 1948.2.10.

어렵더라도 바른 길이라면 그 길을 택해야 합니다

비록 복잡하고 어려운 길(九折羊腸)일지라도

그것이 바른 길이라면 그 길을 택하여야 하는 것이요,

진실로 이것만이 사람의 도리인 것이니

여기에 있어서는 현실적이니 비현실적이니 하는 것은

전부 문제 외의 문제인 것입니다.

외국의 간섭 없고 분열 없는 자주독립을 싸워 얻는 것은

민족의 지상명령이니

이 지상명령에 순종할 따름입니다.

우리가 망명 생활을 삼십여년이나 한 것도

가장 비현실적인 길인 줄 알면서도

민족의 지상명령이므로 그 길을 택한 것입니다.

「신민일보 사장과 대담: 혁명운동 재출발의 신결심」, 1948.3.21.

여생을 안락하게 보내기 위하여 동족을 버리겠는가

나는 남조선에서 가만히 있으면

안락하게 지낼 수 있다는 것도 잘 안다.

그러나 일생을 바쳐서 오로지 자기 동족을 구하고

국가를 사랑한다는 내가,

몇해가 남지 않은 여생을 안락하게 보내기 위하여

사랑하고 소중하던 동포의 지옥행을

앉아서 보고만 있겠는가.

1948년 4월 15일 평양행 한독당 대표 환송연 연설.

민족은 영원히 갈라질 수 없다

민족은 영원히 갈라질 수가 없다.

민족의 조상을 같이하는 혈통 속에 흐르는 피는

무슨 정치나 경제적인 이해관계로 인해서

변할 수 없다는 것이

나의 민족에 대한 기본신념이요,

이 기본신념 때문에 나는 반쪽이 아니라

한국 민족 전체가 한데 뭉치는

진정한 완전 통일을 갈구하여 마지않는 것이다.

「민족통일의 재 구상」.

마음속의 삼팔선이 무너져야

마음속의 삼팔선이 무너져야

땅 위의 삼팔선도 철폐될 수 있을 것이며,

민족통일의 구상도

여기서부터 자연적으로 생길 수 있을 것이다.

「민족통일의 재 구상」.

안중근의 말

1879 — **1910**
09.02.   03.26.

안중근
安重根

황해도 해주 출신의 독립운동가로, 교육 및 계몽활동과 의병투쟁에 헌신했다. 1909년 10월 26일 중국 하얼빈에서 이토 히로부미를 저격해 처단하고 '대한 만세'를 외쳤으며, 이후 옥중에서 『안응칠 역사』와 『동양평화론』 등을 집필했다. 동양 국가들의 독립과 협력을 통한 평화를 주장하며 일본제국주의 침략을 비판했다. 1910년 뤼순 감옥에서 사형당했으며, 1962년 대한민국장 건국훈장이 추서되었다.

나의 의거는 평화를 위한 것이다

한국인은 개국 이래

다른 나라를 침략하려 한 적이 없는,

즉 무(武)의 나라가 아니라 문(文)의 나라이며

선의의 민족이다.

그런데도 이토는 한국을 침략하여

자기 뜻대로 지배하려 했으며

유능한 모든 자를 살해했다.

이런 자를 살려두면 동양 평화를 해치게 되므로

나는 동양 평화를 위해

그를 이 세상에서 제거한 것이지,

개인 자격으로 한 것이 아니다.

「청취서」, 1910.2.17.

능히 할 수 있다고 말합시다

여러분! 여러분! 잘 생각해주시오.

조국을 잊으셨는가!

선대의 백골을 잊으셨는가!

친척들을 잊으셨는가!

잊지 않았다면 이렇게 존망이 위급한 때에

분발하여 맹렬히 각성해주오.

뿌리 없는 나무가 어디서 날 것이며,

나라 없는 백성이 어디에 거처한들 편안하겠소.

오늘로부터 의병을 일으켜

멈추지 않고 이어가 큰 기회를 잃지 않아야만,

우리 자신의 힘으로

1907년 블라디보스토크 교민들에게 한 연설(『안응칠 역사』).

국권을 직접 회복하여 독립을 이룬다고 할 수 있소.

능히 할 수 없다고 하는 자야말로

만사를 망하게 하는 자요,

능히 할 수 있다고 하는 자가

바로 만사를 흥하게 하는 근본이라 하겠으며,

스스로 돕는 자를 하늘이 돕는다 하였소.

여러분께 청하노니,

앉아서 죽음을 기다리는 것이 옳겠소,

발분하여 힘을 다하는 것이 옳겠소?

이렇고 저렇고 간에 각성하고 결심하며,

숙고하여 생각하고 용감하게 나아가기를 바랍니다.

속히 국권을 회복하자

우리 동포들아!

각각 '불화' 두 자를 깨뜨리고

'결합' 두 자를 굳게 지켜

자녀들을 교육하며

청년 자제들은 죽기를 결심하고

속히 우리 국권을 회복한 뒤에

태극기를 높이 들고

처자 식구와 독립관에 서로 모여

일심 단체로 육대주가 진동하도록

대한 독립 만세를 부를 것을 기약하자.

「인심결합론」, 『해조신문』 1908.3.8.

항소하지 않겠다

나는 처음부터 목숨을 걸고

국가를 위해 힘을 다할 생각이었으니

이제 와서 죽음을 두려워하여

항소를 신청하지 않겠다.

지금 옥중에서 동양 정책 및 나의 전기를 쓰고 있으니

단지 이것을 완성하고 싶다.

「청취서」.

한국인 안응칠 소회

하늘이 사람을 내니

세상 사람 모두 형제가 되었다.

자유를 지키며 삶을 좋아하고

죽음을 싫어하는 것은

누구나 가진 마땅한 생각이다.

오늘날 세상 사람들이

흔히 문명 시대라고 말하지만

나는 홀로 그렇지 않은 것을 탄식한다.

무릇 문명이란 동양과 서양,

잘난 사람과 못난 사람, 남녀노소를 물을 것 없이

각각 천성을 지키고 도덕을 숭상하여

서로 다투는 마음이 없이

1909.11.6.

자기 땅에서 편안히 생업을 즐기면서

같이 태평을 누리는 것이다.

그런데 오늘날은 그렇지 못하여

이른바 상등 사회의 고등 인물들이

의논한다는 것이 경쟁하는 것이요,

연구한다는 것이 사람 죽이는 기계다.

그래서 동서양 육대주에

대포 연기와 탄환 빗발이 끊일 날이 없으니

어찌 개탄할 일이 아닐 것이냐.

지금 동양의 상황을 말하면

비참한 현상이 더욱 심하여

참으로 기록하기 어렵다.

이토 히로부미는

천하의 큰 흐름을 깊이 헤아려 알지 못하고

함부로 잔혹한 정책을 써서

동양 전체가 장차 멸망을 면하지 못하게 되었다.

슬프다.

천하의 큰 흐름을 걱정하는 청년들이

어찌 팔짱만 끼고 아무런 방책도 없이

앉아서 죽기를 기다리는 것이 옳겠는가.

그러므로 나는 생각다 못하여

하얼빈에서 총 한방으로

만인이 보는 눈앞에서

늙은 도적 이토의 죄악을 성토하여

뜻있는 동양 청년들의 정신을 일깨운 것이다.

동포에게 남기는 말

내가 대한 독립과 동양 평화를 유지하기 위하여

삼년 동안 해외의 풍상을 겪다가

마침내 그 목적에 도달치 못하고 이 땅에서 죽으니

죽기가 원통한 것이 아니라

속에 품은 모든 일을 부탁할 곳이 없도다.

바라노니 우리 이천만 형제자매는 각각 분발하여

학문에 힘쓰고 실업을 진흥하여

나의 뜻을 계속하여 나의 소망을 저버리지 말고

우리 대한 자유 독립을 회복하여

죽은 자로 하여금 한이 없게 하라.

『대한매일신보』 1910.3.25.

세계의 비참한 형편을 보라

합치면 성공하고 흩어지면 패한다는 것은

만고에 분명한 이치이다.

지금 세계는 동서로 나뉘어 있고,

인종도 각기 달라 서로 경쟁하는 것이 다반사이다.

농업·상업보다 무기를 더 많이 연구하여

기관총, 비행선, 잠수함 등 새로운 발명품들을 만들었지만

이는 모두 사람을 다치게 하고 사물을 파괴하는 기계이다.

청년들을 훈련해 전쟁터로 몰아넣고

수많은 귀중한 생명을 희생양처럼 버리니

피가 냇물을 이루고

살점이 땅에 질펀하게 널리는 일이

『동양평화론』 서문, 1910.

매일 그치지 않는다.

살기 바라고 죽기 싫어하는 것이 인지상정이거늘

밝은 세상에 이 무슨 모양인가.

말과 생각이 여기에 이르니

뼈가 시리고 심장이 서늘해진다.

마지막 말

내가 죽은 뒤에

나의 뼈를 하얼빈 공원 곁에 묻어두었다가

우리 국권이 회복되거든 고국으로 반장(返葬)해다오.

나는 천국에 가서도

마땅히 우리나라의 회복을 위해 힘쓸 것이다.

너희들은 돌아가서 동포들에게

각각 모두 나라의 책임을 지고 국민 된 의무를 다하며

마음을 같이하고 힘을 합하여 공로를 세우고

업을 이루도록 일러다오.

대한 독립의 소리가 천국에 들려오면

나는 마땅히 춤추며 만세를 부를 것이다.

『신한민보』 1935.5.2.

안창호의 말

1878 — 1938
11.09.   03.10.

안창호

安昌浩

평안남도 강서 출신의 독립운동가로, 호는 도산이다. 독립협회 활동 후 점진학교를 설립하고, 미국 유학 후 공립협회·신민회·흥사단 등을 창립하며 교육과 민족혁명 운동에 헌신했다. 미국과 만주, 상해에서 독립운동을 전개하며 임시정부 국무총리 서리와 노동국총판 등을 지냈다. 1932년 윤봉길 의거 이후 체포되어 옥고를 치렀고, 옥중에서 얻은 병으로 1938년 사망했다. 1962년 건국훈장 대한민국장이 추서되었다.

있는 힘을 다했는데도 이루지 못한 사람은 없습니다

천하의 모든 일은

남다른 원인이 있은 뒤에야

남다른 결과가 생기므로

과거와 현재를 두루 살펴보십시오.

인생이든 일이든

노력 없이 얻을 수 있는 것은 없거니와

그것을 위해 있는 힘을 다했는데도

이루지 못한 사람 또한 아직 없으니,

어쩔 수 없다는 한마디 말로

앉아서 멸망을 기다리기만 하겠습니까.

1907년 5월 12일 삼선평 연설. 『서우』 제7호.

오늘부터 나라를 회복합시다

나라가 망한 것은 세상 사람들이 임금의 죄라거나

오적칠적(五賊七賊, 을사오적과 정미칠적)의 죄라 하지만

이천만 인구와 삼천리 강토를 어찌

이완용, 송병준 등 몇 사람의 힘만으로

팔아먹을 수가 있겠습니까.

그 밑에 이름 없는 이완용, 송병준이 많았기 때문에

나라가 망했으니

누구누구 할 것 없이 한국인은 다 망국의 죄가 있소.

나도 한국인이므로 내가 곧 망국한 죄인입니다.

그러나 어제 나라를 망하게 한 자는

곧 오늘 나라를 회복할 자입니다.

이제 여러 방면으로 보건대

샌프란시스코 동포 환영회 연설. 『신한민보』 1911.10.4.

현재의 활동과 장래를 가꾸어나감에 있어

무궁한 희망이 있다는 것이

내가 전하고자 하는 기쁜 소식입니다.

나라 사랑은 자신을 사랑하는 것입니다

뒤집힌 둥지 아래에는 본래 온전한 알이 없고

하나가 상하면 모두가 고통받습니다.

국가는 곧 한몸입니다.

한몸의 오장육부와 팔다리에 병이 생겨 맥이 끊기면

전체가 따라 죽게 마련이므로

한 나라 가운데 맥 끊긴 데가 있으면

국민 된 자 자신의 생명은 어찌 온전할 길이 있겠습니까.

나라 사랑은 당연히 자신을 사랑하는 것이 아닙니까.

1907년 5월 12일 삼선평 연설.

나 자신을 개조함으로써 전체를 개조합시다

누구 다른 사람이 개조하여줄 것이 아니라

각각 자기가 자기를 개조해야겠소.

그것은 자기를 개조하는 권리가

오직 자기에게만 있는 까닭이오.

내가 나를 개조하는 것이

우리 민족을 개조하는 첫걸음이 아니오?

이에서 비로소 우리 전체를 개조할 희망이 생길 것이오.

1919년 상해 연설.

우리에게 귀한 것은 무엇입니까

금과 물을 가지고 귀천을 따지자면

모든 사람이 금을 귀히 여기고

물을 천하게 여기는 까닭이 무엇이오?

금은 희소한 물질이요 물은 흔한 물질이기 때문입니다.

그러나 나는 물이 귀하고 금이 천하다 말합니다.

무엇 때문이겠소?

금의 쓸모는 장식품에 지나지 않지만

물은 우리가 살아가는 데 있어 몸에 꼭 필요한 것이니

물은 귀하고 금은 천하다 하는 것입니다.

1907년 12월 8일 서북학생친목회 연설. 『대한매일신보』 1907.12.13~18.

절망을 이기고 선전포고를 준비하자

이처럼 죽을 결심으로 온 힘을 다한다면

천하에 어떤 일을 못하겠습니까.

오직 여러분께 바라는 것은 이런 일들을 염두에 두지 말고

우리 과업의 목적을 이루기 위해

용감히 나아가라는 것입니다.

다만 오늘부터 함께 맹세하고 굳게 약속하여

앞으로 외세와의 전쟁을 준비하고

언젠가 먼저 선전포고함으로써

태극기를 세계에 휘날려봅시다.

1907년 5월 12일 삼선평 연설.

도덕과 지식이라는 두 날개

지식이라는 것은

나의 고유한 지각으로 여러 사물의 이치를 연구하고

깊이 꿰뚫어 그 작용하는 바를 완전히 깨침으로써

이루어집니다.

새들을 보면 두 날개를 갖추고서야 날아오를 수 있고

한쪽을 잃으면 날지 못합니다.

우리가 가진 도덕과 지식은

새의 두 날개와 같으니

어떻게 하나라도 빠뜨릴 수 있겠습니까.

오, 지극히 어질고 존엄하신 하느님께서

뭇 백성들에게 내리신 것이니

누가 도덕이 없고 누가 지식이 없으리오만,

1907년 12월 8일 서북학생친목회 연설.

각개 인류 중에서 그 능력을 부지런히 닦은 자는

안녕과 복지를 누리고,

태만히 하고 버리는 자는

망하는 전철을 밟게 됨은

모든 역사가 입증하는 바입니다.

목적을 이룰 때까지 굳세게 나아가자

우리가 우리 민족사회의 현재와 장래에 대한 책임을 지고

각각 주인 된 자의 자격으로

우리 일정한 옳은 목적을 향하여 나아가다가

어떠한 곤란과 장애와 유혹이 있더라도

비관, 낙망으로 나아가는 걸음을 멈추거나

또는 다른 무엇에 뜻을 옮기지 말고 철저한 정신으로

목적을 성공할 때까지 굳세게 나아가자.

서로 믿음으로 협동하여 함께 나아가자.

『동광』 1926년 9월호.

낡은 것을 물리치고 새로운 것을 도모합시다

배움의 길은 반드시 작고 가까운 것부터 시작해

소홀함이 없이 하고

순서대로 차츰 크고 먼 것을 달성함이 옳다 했으니

나아가 여러분은 마음속으로 자신에게 물어보시기 바랍니다.

나는 과연 사람됨의 본분을 잘 닦아 기르고 있는가.

그리하여 일체의 작은 행동 하나에서까지

낡은 것을 물리치고 새로운 것을 도모하며

오직 신사상과 신지식을 머리에 쏟아부어

신선하고 완전한 인재(棟梁)가 됨으로써

신세계의 신문화 발달에 힘써야 할 것입니다.

1907년 12월 8일 서북학생친목회 연설.

사랑의 공기가 필요합니다

우리 한인 사회에 필요한 공기는 따스한 공기입니다.

내가 원동에서 떠날 때에 추운 공기가 가득해서

초목이 다 말랐는데

따스한 공기가 가득한 하와이에 와서 보니

풀이 푸르고 산이 푸르러서 정말 별유천지와 같습니다.

그러면 따스한 공기란 무엇인가?

이는 사랑의 공기입니다.

오늘 우리가 깊이깊이 생각할 점은

누구나 서늘한 공기를 빚는 자 되지 않기로

정성과 힘을 다할 것이며

누구나 추운 공기를 빚어내는 자 되지 않기로 결심하고

샌프란시스코 한인 예배당 연설. 『신한민보』 1924.12.25.

이것을 이겨나가려고

평생 정력을 다하여야만 되겠다는 것입니다.

이것이 우리 운동의 앞에 올 성공이

절대적으로 요구하는 바이며,

사람사람이 준비하여야만 될 것입니다.

우리는 이것을 위해 여기에 있습니다

하나, 내 물건은 내가 스스로 찾고

내 주권은 내가 찾자는 것.

우리가 우리 주권을 잃고 사는 것은 죽은 것만 못함이오.

그러므로 우리는 최후의 핏방울까지 흘려

이것을 찾아야겠소.

둘, 우리가 우리 주권만 찾는 것이 아니라,

한반도 위에 모범적 공화국을 세워

이천만이 천연의 복락을 누리려 함이오.

그러므로 우리는 생명을 희생하여

이 목적을 달성하여야 하겠소.

1919년 6월 28일 상해 임시정부 내무총장 취임 연설.

셋, 세계의 항구적 평화를 돕고자 함이오.

우리가 신공화국을 건설하는 날이

동양 평화가 견고하여지는 날이오.

동양 평화가 있어야 세계 평화가 있겠소.

이러한 권능이 우리에게 있는 고로

하늘이 우리를 도우며,

동서의 인민이 우리를 동정하니

우리는 반드시 성공할 것이외다.

우리는 확실히 독립할 것입니다

오늘의 대한 사람은

죽으나 사나 이루나 못 이루나

독립운동을 끝까지 계속하기로 결심해야 할 것이오.

이것이 대한 사람 된 자의 천직이요 의무이외다.

누구든지 독립운동을 계속할까 말까 주저하는 이도

독립이 싫거나 자유가 싫어서

그것을 받을까 말까 주저함은 아닙니다.

다만 독립운동이 성공이 될는지 말는지 하는

의심과 상심으로 그리되는 줄 아오.

아닌 게 아니라 얼른 보면

우리에게는 인재도 모자라고 재력도 결핍되고

기타 무엇 무엇도 부족하고 없으므로

1921년 5월 12일 상해 삼일당 연설. 『독립신문』 1921.5.21.

독립을 성공할까 못할까 하는 의심이 생길 듯도 합니다.

그렇지만 여러분은 조금도 의심하거나 상심하지 마시오.

우리는 독립할 가능성이 확실히 있습니다.

왜? 우리 대한 사람은 무엇으로 보든지

근본적 자격이 독립할 민족이요,

결코 이민족의 노예생활을 오래 하지 아니할 민족입니다.

이러한 우리 민족으로서 독립을 요구하는 날에

세계의 시운은 우리의 요구에 응할 것입니다.

오늘날 우리의 혁명이란 무엇인가

우리의 혁명은 민족혁명이외다.

민족적 혁명은 무엇인가.

비민족주의자를 깨뜨려

민족주의자가 되도록 하자는 것이 아닙니다.

재래의 현상을 새 현상으로 바꾸어놓자는 것이외다.

그러면 오늘 우리 민족은 어떤 현상을 가졌는가?

우리는 일본에게 압박받는 현상을 갖고 있습니다.

이 현상을 바꾸어

자유스러운 생활을 할 수 있는 현상을 만들도록

일본의 압박적 현상을 파괴하고

새 현상을 건설하자는 것이외다.

1926년 7월 8일 상해 삼일당 연설. 『신한민보』 1926.10.14.

윤희순의 말

1860 —— **1935**
06.25.   08.01.

윤희순
尹熙順

충청북도 중원 출신의 독립운동가로, 춘천과 만주 지역에서 의병 활동을 지원하며 항일운동에 헌신했다. 을미의병과 정미의병 당시 의병을 후원하고, 직접 작사·작곡한 의병가를 통해 민심을 고무했으며, 군자금과 탄약 조달, 정보활동 등에도 참여했다. 1910년 이후 만주로 망명해 조선독립단 활동, 가족부대 조직, 군사훈련과 정보 수집 등 실질적인 독립운동을 펼쳤고, 이후 항일연합투쟁에도 참여했다. 1990년 건국훈장 애족장에 추서되었다.

금수들아 보거라

한심하고 애달프다

불쌍하고 애달프다

왜놈의 앞잡이 놈들,

참으로 불쌍하고 애달프다

제 살을 베어 남을 주고

그 살이 헌 데가 될 줄을 모르는가

이렇듯이 어두운가

● 「금수들아 보거라」.

청년들아 의병 하자

우리 조선 청년들아

의병 하러 나가보세

의병 하여 나라 찾자

왜놈들은 강성한데

우리나라 없이 어이 살며

어느 곳에서 산단 말인가

원수 같은 왜놈들을 몰아내어

우리 집을 지켜가세

우리 임금 세도 없어

왜놈들이 강성하니

빨리 나와 의병 하고

의병 하여 애국하고 충신 되자

「방어장」.

우리 조선 사람 농락하며

안사람 농락하고 민비를 살해하니

우린들 살 수 있나

빨리 나와 의병하세

우리도 뭉치면 무슨 일인들 못할쏘냐

왜놈 대장 보거라

우리가 너희 놈들에게 무슨 잘못을 하였느냐.

우리나라 사람 이용하여

우리나라 임금님을 괴롭히며

우리나라를 너희 놈들이 무슨 일로 통치한단 말이냐.

아무리 유순한 백성이라 한들

가만히 보고만 있을 줄 알았단 말이냐.

절대로 우리 임금님을 괴롭히지 말라.

만약 너희 놈들이 우리 임금님,

우리 안사람네들을 괴롭히면

우리 조선의 안사람들도 가만히 보고만 있을 줄 아느냐.

우리 안사람도 의병을 할 것이다.

「왜놈 대장 보거라」.

후회하기 전에 너희 나라로 가거라.

이용도 그만하고 재주도 그만 부려라.

좋은 말로 달랠 적에 너희 나라로 가거라. 대장놈들아.

우리 조선 안사람이 경고한다.

슬프고도 슬프도다

슬프고도 슬프도다

이내 신세 슬프도다

보이나니 까마귀라

우리 조선 어디 가고

왜놈들이 득세하나

우리 임금 어디 가고

왜놈 대장 활개 치나

우리 의병 어디 가고

왜놈 군대 득세하니

이내 몸이 어이할꼬

어딜 간들 반겨줄까

어딜 간들 오라 할까

「신세타령」.

가는 곳이 내 집이요

가는 곳이 내 땅이라

슬프고도 슬프도다

이내 몸도 슬프련만

우리 의병 불쌍하다

중국인들에게 항일을 제안하다

우리가 중국에 온 것은

일본 놈들에게 빼앗긴 나라를 되찾기 위해서입니다.

당신들은 나라 없는 우리 한국인들을 도와주십시오.

우리 중국 땅에서 목숨을 걸고

일본 놈과 싸울 것입니다.

일본 놈과 싸우기 위해서는 식량이 필요하고

군사훈련을 할 수 있는 땅이 필요하며

당신들과의 연합투쟁이 필요합니다.

당신들은 우리와 손잡고 항일합시다.

한민족의 원수를 갚고

우리 가족의 원수를 갚고

1911년 만주 이주 후 마을 연설.

한국의 국권을 찾기 위해

지금 우리는 목숨을 내걸고 싸우겠습니다.

일본제국주의는 우리 한·중 두 나라 백성들의

공동의 원수입니다.

우리 두 민족은 손을 잡고

같이 일본제국주의와 싸웁시다.

사람의 도리를 잊어서는 안 된다

사람이 해야 할 일 외에는 알지 마라.

시국을 좇아 오륜을 알아야 하느니라.

누가 무엇을 부탁하거든 선뜻 대답하는 것을 삼가거라.

누가 무엇을 물어보거든 어림짐작으로 대답하지 마라.

마주 앉아 이야기할 때 눈동자를 자주 보지 마라.

앞사람이 이야기할 때 그 사람의 말이 끝날 때에 답하거라.

천민이라도 내 집을 찾아오면

반가이 맞아주고 반가이 보내주어라.

남의 말을 입에도 담지 말며,

나의 위치를 생각하고 남의 말을 해야 하느니라.

「해주윤씨일생록」, 1935.

걸음을 걸을 때 발밑을 보고 옮겨야 하느니라.

모든 정신은 발끝서부터 머리까지 조심해야 하느니라.

매사 자신이 알아서 흐르는 시대를 따라

옳은 도리가 무엇인가를 생각하며 살아가길 바란다.

윤씨 할미가 자손들에게 보낸다

여성들의 의병 노래

아무리 왜놈들이 강성한들

우리도 뭉치면 왜놈 찾기 쉬울세라

아무리 여자인들 나라사랑 모를쏘냐

아무리 남녀가 유별한들 나라 없이 소용 있나

우리도 나가

의병 하러 나가보세

의병대를 도와주세

금수에게 붙잡히면 왜놈 시정 받들쏘냐

우리 의병 도와주세

우리나라 성공하면 우리나라 만세로다

우리 안사람 만만세로다

「안사람 의병가」.

한용운의 말

1879 — **1944**
08.29.   06.29.

한용운
韓龍雲

충청남도 홍성 출신의 승려, 독립운동가, 시인이다. 불교개혁운동과 민족운동을 병행했고, 3·1운동 당시 민족대표 33인 중 한 명으로 독립선언서 배포를 담당한 뒤 옥고를 치렀다. 『조선불교유신론』 『불교대전』 등으로 불교사상 보급과 심화에 기여했고, 신간회 활동과 여성해방운동, 농민운동에도 적극 참여했다. 시집 『님의 침묵』으로 근대문학사에 큰 족적을 남겼으며, 일제 말기까지 항일 지조를 지켰다. 1962년 건국훈장 대한민국장에 추서되었다.

독립할 정신이 곧 독립이다

국가는 꼭 모든 물질상의 문명이

하나하나 완비된 후에라야

독립되는 것은 아니라

독립할 만한 자존의 기운과

정신적 준비만 있으면 충분한 것이니,

문명의 형식을 물질에서만 발휘함은

칼을 들어 대나무를 쪼개는 것과 같으니

그 무엇이 어려운 일이라 하겠는가.

「조선독립에 대한 감상개요」(일명 『조선독립의 서』), 『독립신문』 1919.11.4.

참된 자유와 참된 평화는 동반한다

자유는 만물의 생명이요

평화는 인생의 행복이다.

그러므로 자유가 없는 사람은 죽은 시체와 같고

평화를 잃은 자는 가장 큰 고통을 겪는 사람이다.

압박을 당하는 사람의 주위는 무덤으로 바뀌는 것이며

쟁탈을 일삼는 자의 주위는 지옥이 되는 것이니,

세상의 가장 이상적인 행복의 바탕은

자유와 평화에 있는 것이다.

그러므로 자유를 얻기 위해서는 생명을 터럭처럼 여기고

평화를 지키기 위해서는 희생을 달게 받는 것이다.

이것은 인생의 권리인 동시에 또한 의무이기도 하다.

그러나 참된 자유는

「조선독립의 서」.

남의 자유를 침해하지 않음을 한계로 삼는 것으로서

약탈적 자유는 평화를 깨뜨리는 야만적 자유가 되는 것이다.

또한 평화의 정신은 평등에 있으므로

평등은 자유의 상대가 된다.

따라서, 위압적인 평화는 굴욕이 될 뿐이니

참된 자유는 반드시 평화를 동반하고

참된 평화는 반드시 자유와 함께한다.

실로 자유와 평화는 전 인류의 요구라 할 것이다.

어찌 영구히 남의 노예가 되겠는가

어찌 평화를 위한 전쟁이 있겠으며,

또 어찌 자기 나라의 수천년 역사가

외국의 침략에 의해 끊기고,

몇백, 몇천만의 민족이 외국인의 학대하에 노예가 되고

소와 말이 되는 것을 행복으로 여길 자가 있겠는가.

어느 민족을 막론하고 문명 정도의 차이는 있을지언정

피가 없는 민족은 없는 법이다.

이렇게 피를 가진 민족으로서

어찌 영구히 남의 노예가 됨을 달게 받겠으며

나아가 독립자존을 도모하지 않겠는가.

그러므로 군국주의, 즉 침략주의는

인류의 행복을 희생시키는 악귀(최고의 마술)일 뿐이니,

「조선독립의 서」.

어찌 이와 같은 군국주의가

무궁한 생명을 유지할 수 있겠는가.

이론보다 사실이 그렇다.

아아, '칼'이 어찌 만능이며 '힘'이 어찌 승리리오.

정의가 있고 인도(人道)가 있도다.

간섭받지 않으려 하는 것은 인류의 본성이다

한 민족이 다른 민족의 간섭을 받지 않으려 하는 것은

인류가 공통으로 가진 본성으로서

이 같은 본성은 남이 꺾을 수 없는 것이며

또한 스스로 자기 민족의 자존성을

억제코자 하여도 불가능한 것이다.

이 자존성은 항상 탄력성을 가져

팽창의 한도, 즉 독립자존의 완성에 이르지 않으면

멈추지 않는 것이니

조선의 독립을 감히 침해하지 못할 것이다.

「조선독립의 서」.

근본을 잊지 못하는 것은 인간의 천성이다

근본을 잊지 못함은

인위가 아니라 천성이며

또한 만물의 미덕이기도 하다.

그러므로 인류는 그 근본을 못 잊을 뿐 아니라

잊고자 해도 잊을 수가 없는 것이니

반만년의 역사를 가진 나라가

오직 군함과 총포의 수가 적은 이유 하나 때문에

남의 유린을 받아 역사가 단절됨에 이르렀으니

누가 이를 참으며 누가 이를 잊겠는가.

조선의 독립을 감히 침해하지 못할 것이다.

「조선독립의 서」.

역경을 피하지 말고 목적을 향해 전진하자

역경은 자기의 마음대로 되지 않는 것을 이름이요,

순경은 마음대로 되는 것을 말함이니,

사람들이 역경에서 울고 순경에서 웃지만

역경과 순경에 일정한 표준이 있는 것은 아니다.

누군가에게 역경인 것이

다른 누군가에게는 순경이 되는 수가 있으니

사람은 개구리밥이 아니어서

바람 부는 대로 물결치는 대로

순경만을 좇아서 사는 것은 아니다.

사람은 인생관을 따라서, 취미를 따라서

하루의 진로, 혹은 백년의 목적이 있으니,

「역경과 순경」, 1936.

그 목적을 향하여 전진할 뿐이다.

그뿐 아니라 사람은 진로에만 역경이 있는 것이 아니라
퇴로에도 역경이 있으니,
가다가 돌아서고 보면 퇴로가 다시 진로가 되기 때문이다.

진로에서 역경을 피하여 돌아섰다가
퇴로에서 다시 역경을 만나면 그때는 어디로 갈 것인가.

사람은 마땅히 역경을 정복하고 순경으로 장엄할 것이다.

조선 독립은 거스를 수 없는 흐름이다

일본이 조선 독립을 부인하고

현상 유지를 한다고 해도

인심은 물과 같아서 막을수록 흐르는 것이니

조선의 독립은

산 위에서 굴러내리는 둥근 돌과 같이

목적지에 이르지 않으면 그 기세가 멎지 않을 것이다.

「조선독립의 서」.

크고 깊은 공익을 추구하라

한 동네의 공익을 위하는 사람은

한 동네의 주인이 되는 것이요,

한 사회의 공익을 위하는 사람은

한 사회의 초석이 되는 것이요,

한 국가의 공익을 위하는 사람은

한 국가의 동량이 되는 것이요,

천하 만세의 공익을 위하는 사람은

천하 만세의 규범이 되는 것이다.

그리하여 공익심은 깊으면 깊을수록,

크면 클수록 인격의 옥좌는 높아지는 것이다.

「공익」, 1936.

조선 청년은 행운아

현재의 조선 청년은 시대적 행운아다.

바꾸어 말하자면 현대는 조선 청년에게 행운을 주는,

뜻을 이룰 수 있는〔得意〕시대다.

조선 청년은 역경에 둘러싸여 있기 때문이다.

역경을 깨치고 아름다운 낙원을

자기의 손으로 건설할 만한 기운의 때를 만났다는 말이다.

불행히 태평한 시대에 나서 하염없이 살지 않고

다행히 일이 있는 시대에 나서

좋은 일을 제 손으로 많이 할 수 있다는 말이다.

기마(驥馬)는 마구에서 늙는 것을 싫어하고,

용사는 임(衽)에서 죽는 것을 부끄러워한다.

「조선청년에게」, 『조선일보』 1929.1.1.

아아, 좋은 일의 재료가 되는 역경에 싸여 있는 조선 청년은
뜻을 이룰 수 있는 행운아일는지 모른다.
좋은 일을 하기 위하여 일정한 목표를 바라고 나갈 뿐이다.
인생은 좋은 표준을 세우고
자동적으로 고결하게 진행하는 것이 가장 귀한 것이다.

조선 청년은 스스로를 아끼라.

전문지식을 갖추자

크고 작은 일을 막론하고

모든 세상 일이 아느냐 알지 못하느냐에서

그 성패가 나타나는 것이다.

큰 죄악을 짓는 것도 알지 못하는 데서 빚어지며,

큰 사업을 성공하는 것도

모든 것을 잘 아는 데서 배태하는 것이니

알고 알지 못하는 것이

사회 건설의 성패와 득실의 차이를 낳는 것인즉

그 얼마나 큰 결과이겠는가.

무엇이든지 어떤 학문이든지

한곳으로 돌진하여 그곳에서 진리를 깨닫고

「전문지식을 갖추자」, 『별건곤』 1928년 6월호.

그것으로 큰 사업도 경영해보고

사회 건설에 일조해볼 일이라고 언제나 절실히 느끼고 있다.

그러니 오늘날 청년들은

나처럼 나이 늙고 기력이 쇠진한 뒤에

또다시 나의 잘못을 되풀이하지 말고

오늘날 당장 일대의 각오와 용단을 내려

전문지식을 연구하여 장래의 우리와 자신이

좀더 행복하고 영광스러운 생활을 할 수 있도록

노력하라고 충고하고 싶다.

반성하는 자만이 성공할 것이다

자멸하는 국가라야만

타국으로서 정복할 수 있는 것이요,

스스로 모멸하는 사람이라야만

타인으로서 모멸할 수 있는 것이다.

그러하면 역경에 처한 자가 하늘을 원망하고

타인을 탓할 수 있을까?

오직 반성이 있을 뿐이다.

망국의 한이 크지 아니한 것은 아니나,

정복국민을 원망하는 자는

언제든지 그 한을 풀기가 어려운 것이요,

불운에 대한 탄식이 적은 것은 아니지만

행운을 얻은 이를 원망만 하는 자는

「반성」, 1936.

좀처럼 그 불행을 돌이키기가 어려운 것이다.

반성하는 자는 새로운 각오가 있는 것이요,

자책하는 자는 향상의 노력이 있는 것이다.

자각과 노력은 만사 성공의 원천이 되는 것이다.

신채호의 말

1880 — 1936
11.07.   02.21.

신채호

申采浩

충청남도 대덕 출신의 역사학자이자 언론인, 독립운동가다. 『독사신론』 『조선상고사』 등에서 민족주의 역사학을 정립하면서 역사를 '아와 비아의 투쟁'으로 정의했다. 『황성신문』과 『대한매일신보』에서 논설기자로 활동하며 신민회와 의열단에 참여했고, 『조선혁명선언』을 집필했다. 상해 임시정부 수립에 기여했으나 이승만의 위임통치안에 반대해 결별했고, 무정부주의 운동에도 가담했다. 1928년 일본 경찰에 체포되어 뤼순 감옥에서 10년형을 선고받고 수감 중 옥사했다. 1962년 건국훈장 대통령장에 추서되었다.

여전히 희망이 있다

아아, 오늘 우리 대한에 무엇이 있는가?

내가 가슴을 문지르고 서성대며
세번 생각하건대
하나의 좋은 것이 여전히 있으니,
좋은 것이 도대체 무엇인가 하면
희망이 그것이로다.

「대한의 희망」, 『대한협회회보』 1908년 4월호(창간호).

희망은 모든 것의 주인이다

희망이라는 것은 모든 것의 주인이다.

꽃이 있으면 열매가 있고

뿌리가 있으면 줄기가 있는 것과 같이

희망이 있으면 반드시 사실이 있다.

하느님의 희망으로 세계가 있게 되고,

민중의 희망으로 국가가 있게 되고,

아비와 할아비의 희망으로 아들과 손자가 있게 되고,

또래들의 희망으로 친구가 있게 된다.

야만이 희망하여 문명을 갖게 되고,

완고가 희망하여 혁신을 갖게 되고,

미약이 희망하여 강력을 갖게 되고,

열등이 희망하여 우월을 갖게 된다.

「대한의 희망」.

여린 자가 강해지려면 강함을 희망하고,

쇠잔한 자가 성해지려면 성함을 희망해야 한다.

크도다 희망이여,

아름답도다 희망이여.

농부가 천개의 창고와 만개의 수레칸을 채우는 것이

보습 하나의 노력에서 비롯하며,

어부가 다섯 호수와 세 강에서 얻는 것이

그물 하나의 공에서 이루어진 것이고,

인생의 백년 사업은 희망 하나에서 비롯하는 것이다.

친구와 절교하는 편지

형이 차마 조국과 절교하지 못하면

나도 역시 차마 형과 절교하지 못하며,

형이 차마 동포와 절교하지 못하면

나도 역시 차마 형과 절교하지 못하겠지만,

지금 형이 차마 조국과 절교하고

차마 동포와 절교하니,

역시 나도 그 때문에 형과 절교합니다.

「여우인절교서」, 『대한매일신보』 1908.4.12~14.

역사를 버린 민족에게 국가는 없다

국가의 역사는

민족 흥망성쇠의 상태를 서술한 것이다.

민족을 버리면 역사가 없을 것이며,

역사를 버리면 민족의 그 국가에 대한 생각이

자라지 못할 것이다.

아아, 그러니 역사가의 책임이 무겁지 않겠는가.

「독사신론」 서론, 『대한매일신보』 1908.8.27~9.2.

책 짓는 이의 마음

책 짓는 사람들이

모두 그 책을 많이 사 보면 하는 마음이 있지만

한놈(신채호 자신을 말함)은 이 마음이 없습니다.

다만 바라는 바는

우리 안 어느 곳에든지 한놈같이 어리석어

두 팔로 태백산을 안으며

한 입으로 동해물을 말리고

기나긴 반만년 시간 안의

높은 산, 낮은 골, 피는 꽃, 지는 잎을 세면서

넋 없이 앉아 눈물 흘리는 또 한놈이 있어

이 글을 보았으면 할 뿐입니다.

미완성 미발표 원고 「꿈하늘」(1916).

책 짓는 사람들이

흔히 그 책으로 무슨 영향이 있으면 하지만

한놈은 그렇지 않습니다.

다만 바라는 바

이 글 보는 이가 우리나라도 미국 같아져라

독일 같아져라 하는 생각이나 없으면 할 뿐입니다.

민중은 어떻게 각오하는가

민중이 어떻게 각오하느냐?

오직 민중이 민중을 위하여

일체 불평등·부자연·불합리한

민중 향상의 장애부터 먼저 타파함이

곧 '민중을 각오하게' 하는 유일한 방법이니,

다시 말하자면 곧 먼저 깨달은 민중이

민중의 전체를 위하여

혁명적 선구가 됨이

민중 각오의 첫번째 길이다.

「조선혁명선언」(일명 「의열단선언」), 1923.1.

시가 없으면 나라도 망한다

시(詩)가 융성하면 나라도 역시 융성하고

시가 쇠퇴하면 나라도 역시 쇠퇴하며

시가 있으면 나라도 역시 있고

시가 망하면 나라도 역시 망한다.

「천희당시화」, 『대한매일신보』 1909.11.19~12.4.

조선의 역사적 역할과 현실

무릇 수나라가 오면 수나라를 막고

당나라가 오면 당나라를 막고

거란이 오면 거란을 막고

여진이 오면 여진을 막고

왜가 오면 왜를 막아,

한반도 위에 우뚝하게 울타리를 쌓고

해양과 대륙의 양 민족을 나누어놓은 것이

진실로 유사 이래 조선인의 천직이다.

그러나 지금은 그 역사를 잊고

그 천직을 버려 수천년 원한이 깊고

적대감이 쌓인 왜적의 멀쩡한 노예가 되었으니 그 죄가 크다.

「조선독립급동양평화」, 『천고』 제1권, 1921.

희망할지어다, 대한이여

크도다, 대한 오늘의 희망이여.

아름답도다, 대한 오늘의 희망이여.

힘쓸지어다, 오늘 우리 한국 사람들이여.

희망에서 이루려는 힘이 살아나고

이루려는 힘에서 뜨거운 마음이 살아나고

뜨거운 마음에서 사업이 살아나고

사업으로 국가가 살아나는 것이니

힘쓸지어다, 우리 한국 사람들이여.

희망할지어다, 우리 한국 사람들이여.

「대한의 희망」

조선의 도덕과 조선의 사상을 위해

우리 조선 사람은 매양 해외에서 진리를 찾으려 하므로,

석가가 들어오면

조선의 석가가 되지 않고 석가의 조선이 되며,

공자가 들어오면

조선의 공자가 되지 않고 공자의 조선이 되며,

무슨 주의가 들어와도

조선의 주의가 되지 않고 주의의 조선이 되려 한다.

그리하여 도덕과 주의를 위하는 조선은 있고,

조선을 위하는 도덕과 주의는 없다.

아! 이것이 조선의 특색이냐,

특색이라면 특색이나 노예의 특색이다.

나는 조선의 도덕과 조선의 주의를 위하여 곡하려 한다.

「낭객의 신년만필」, 『동아일보』 1925.1.2.

내 나라가 나의 것이 되는 방법

국민이 그 나라를 자국으로 알면

그 나라가 자국민의 나라가 되며,

그 국민이 그 나라를 남의 나라같이 보면

그 나라가 남의 나라 사람의 나라가 되는 것이다.

「대한의 희망」.

너의 것

너의 눈은 해가 되어
여기저기 비추고지고
님의 나라 밝아지게

너의 피는 꽃이 되어
여기저기 피고지고
님 나라 고와지게

너의 숨은 바람 되어
여기저기 불고지고
님 나라 깨끗하게

미발표작 『룡과 룡의 대격전』(1928) 수록.

너의 말은 불이 되어

여기저기 타고지고

님 나라 더워지게

살은 썩어 흙이 되고

뼈는 굳어 돌 되어라

님 나라에 보태지게

여운형의 말

1886 — **1947**
05.25.   07.19.

여운형
呂運亨

경기도 양근 출신의 민족운동가이자 정치가로, 일제강점기와 해방기의 국내 정국에서 주도적인 역할을 했다. 배재학당과 흥화학교 등에서 수학하며 민족의식에 눈떴고, 3·1운동 전 상해에서 신한청년당을 조직해 파리강화회의 대표 파견을 주도했다. 임시정부 수립에 참여하고 사회주의 및 민족주의 세력과의 연대를 추구하며 좌우합작운동을 이끌었다. 해방 후 조선건국준비위원회를 조직하고 좌우합작위원회를 통해 통일정부 수립을 시도했으나 1947년 암살되었다. 2008년 건국훈장 대한민국장에 추서되었다.

조선의 독립은 세계 평화를 위한 것

동양에서 쟁란이 일어나면

비록 서양이 평온할지라도 세계 평화라고 할 수는 없지요.

그뿐만 아니라 한쪽의 세력이 약하면

다른 쪽의 세력이 범람하는 것은 공리인즉,

만일 동양이 서로 싸우기를 마다하지 아니하면

필경에는 저절로 멸망할 뿐 아니라

서방의 동양 침략이 하루가 급할 것이오.

그러므로 동양 자체의 평화를 위하여

세계 대세의 균형을 확보하기 위하여

또 동양이 단결하여 세계문화에 공헌하기 위하여

하루바삐 조선은 독립하여야 할 것이오.

「조선독립의 당위성」, 『독립신문』 1920.1.11.

인류의 자유와 평화, 해방

이제 세계는

약소민족 해방, 여성(婦人) 해방, 노동자 해방 등

세계 개조를 부르짖고 있다.

이것은 일본을 포함한 세계적 운동이다.

한국의 독립운동은 세계의 대세요,

신의 뜻이요, 한민족의 각성이다.

한국의 독립은 일본과 분리하는 것인 듯하나

(오히려) 원한을 버리고 동일한 보조를 취하여

함께 나아가는 것이

진정으로 하나가 되는 것이요,

1919년 11월 27일 일본 도쿄제국호텔 연설.

동양평화를 확보하는 것이며

세계 평화를 유지하는 제일의 기초이다.

우리는 꼭 전쟁을 하여야 평화를 얻을 수 있는가?

싸우지 아니하고는

인류가 누릴 자유와 평화를 못 얻을 것인가?

일본 인사들은 깊이 생각하라.

국가를 유지하고 발전시키는 것은 의무

국가라는 것은 사회의 실체요, 역사의 장성이요,

도덕의 존재요, 사법의 실체이며,

또 일시적인 것이 아니고 영구적인 것이오.

영구적이라는 말의 의미는 자손만대를 뜻함이니

개인은 죽어 없어지지만 사회는 영속하지 않습니까.

그러므로 사회를 개량·발전시키는 것은 우리의 의무요,

국가는 사회를 위하는 사회이므로

따라서 애국을 하게 되는 것이오.

국가를 유지하고 국가를 개량하는 것은

우리 선조에 대한 의무요.

「조선독립의 당위성」.

조선의 양심과 정의는 일본을 제압한다

조선은 주권이 인민에게 있는 민주공화제의

자주독립 국가를 세우기 위해 싸우고 있습니다.

조선의 땅이 비록 일본의 지배를 받고 있으나

조선의 사람, 조선의 혼은 그렇지 않습니다.

조선의 양심과 정의는

이미 일본을 제압하고 있고

여러분과 함께

모든 제국주의 국가들을 제압할 것입니다.

1922년 모스크바 극동피압박민족대회 개회식 연설.

독립은 전 민족의 요구다

정치는 반드시 민의에 순종하고 시대에 적합해야 됩니다.

조선 정치 또한 마땅히 그래야 하지,

민의와 시대에 적합지 아니하면 안 될 것이오.

만일 민의가 일본통치하에 있기를 원하고

시대도 그것을 허용할 것 같으면

일본통치하에 있으면서 부강책을 추구하겠으나,

전 민족의 요구가 독립에 있고

시대의 형세가

한국의 독립이 필요하다고 하는 오늘일 것 같으면

독립이 선결문제요,

부강책은 그다음으로 강구할 문제입니다.

「조선독립의 당위성」.

현실과 이상

현실에 걸맞지 않은 이상은

공상에 그칠 뿐이며,

이상과 관계가 없는 현실은

곧 죽은 것에 지나지 않습니다.

「조선독립의 당위성」.

평화란 무엇이오?

평화의 진수는 정신적 평화,

즉 투쟁이나 시기나 분노나 원한 등이 없는

그야말로 새가 노래하고 꽃이 웃고 햇볕 따스하고

바람이 온화한 활동적 자연과 자유의 기상에 있는 것이지,

결코 죽은 바다와 같이

평정만을 유지하는 것을 일컫는 것이 아니외다.

모든 생존의 희락과 희망과

자유와 평등과 존귀가 있는 가운데 평화가 있는 것이지,

위험과 걱정과 절망과 압박과 차별이 있는 곳에는

평정도 없을 것이거늘

하물며 어찌 평화가 있을 수 있겠습니까!

「조선독립의 당위성」.

독립운동을 억압하는 것은 죄악

민족적 자존심, 독립심이 풍부한 우리나라 사람들은

한일합병을 분개하고 한탄하며

나라 잃은 국민이 된 것을 비탄하다가

참고 견딘 지 10년,

이제 와서야 거국일치 민족적 독립운동을 개시하였으니

이 자존심과 독립심은 인격의 요소요,

진화의 근본인 것이오.

그런데 이것을 압박하여 소멸시키고자 하니

그것이야말로 인류로서 할 수 없는 죄악이 아닐까요?

「조선독립의 당위성」.

민족의 인격을 인정하라

조선도 인격을 인정받는 것.

즉 사람에게 인격이 있듯이

민족에게도 인격이 있음을 인정하게 하는 것.

조선에 대한 일본의 정치는 잘못되어 있다.

일본은 조선 민족을 착취하기 위해 정치를 하고 있다.

조선 민족은 살기 위해 어쩔 수 없이 독립해야 한다.

거리에서 피폐한 민중을 보면

이미 빈부의 문제가 아니라,

어떻게 먹어야 하는가의 문제로 바뀌어

감개무량에 참을 수 없다.

여운형 피의자신문조서(1929.8.6).

조선 청년에게 부탁한다

제군들!

비상한 인물을 만드십시오!

비상한 인물이라야

비상한 사업을 이루나니

이 비상한 시기에 직면한 제군은

새로운 정신을 발휘하여

새 길을 당당히 걸어가십시오.

「'분투'와 '노력': 조선청년에 부탁」, 『동아일보』 1933.1.2.

인류의 힘을 강하게 하는 것은 체육

인류의 생명은 힘이다.

대지를 비추는 빛도 만물을 태우는 열도 힘이다.

그러므로 인류 사회에 힘이 뭉친 것이니

그 사회를 강하게 하는 것은

그 멤버인 인류의 힘을 강하게 함에서 나온다.

인류의 힘을 강하게 하는 방법은

여러가지 교육이요,

여러가지 교육의 기초는 오직 체육이다.

『중앙』 1935년 5월호.

눈과 귀를 통한 배움

배우는 것, 그것이 가장 귀한 것입니다.

많이 보고 많이 들어서

넓고 깊게 배우고 개척하는 것만이

가장 중대한 일입니다.

우리가 배우는 데에 가장 귀한 것은

눈과 귀입니다.

눈과 귀를 통해서 내 마음의 지식을 보충하게 됩니다.

이렇게 하는 데서 우리의 눈과 귀는

정관, 직관, 똑바로 보고, 똑바로 깨달을 수가 있습니다.

그럼으로써 자연의 모든 아름다운 현상을 바라볼 때도

우리는 거기에서 위대한 느낌과 교훈을 받게 됩니다.

1935년 5월 9일 전문학교 신입생 환영의 밤 연설. 『삼천리』 1936년 1월호 부록.

청년을 가진 사회는 미래를 가진 사회

어느 시대, 어느 사회를 막론하고 그 시대와 그 사회가

청년에게 특별한 것을 요구하는 것은

실로 청년이야말로 다른 모든 사람들이

제 일신의 이익이나

한 가정의 안락밖에는 생각지 않음에도,

그들은 한 몸과 한 집의 좁은 한계를 훌쩍 뛰어넘어

정말 시대나 사회가 요구하고 희망하는 바를

성실히 생각하며

실현할 의욕과 정열을 가지고 있기 때문이오.

그렇기에 청년을 가진 사회는 미래를 가진 사회라 하고,

미래는 청년의 것이라는 말이 있지 않소?

『사해공론』 1938년 10월호.

해방의 날은 왔다

이것으로 우리 민족해방의 첫걸음을 내디디게 되었으니

우리가 지난날에 아프고 쓰렸던 것은

이 자리에서 모두 잊어버리자.

그리하여 이 땅을

참으로 합리적인 이상적 낙원으로 건설하여야 한다.

이때 개인의 영웅주의는 단연코 없애고

끝까지 집단적 일사불란의 단결로 나아가자.

머지않아 각국 군대가 입성하게 될 것이며,

그들이 들어오면 우리 민족의 모양을 그대로 보게 될 터이니

우리들의 태도는 조금도 부끄럽지 않게 하여야 한다.

세계 각국은 우리들을 주목할 것이다.

1945년 8월 16일 휘문중학교에서 군중 연설. 『매일신보』 1945.8.17.

조선의 건설은 조선인이 맡아야 한다

조선의 건설은 조선인이 맡아야 됩니다.

머지않아 수립될 새 정부도 '메이드 인 코리아',

즉 조선제가 되어야지 외국제가 되어서는 안 되겠습니다.

우리는 어디까지나 조선인이니까

언제든지 조선의 주인이요,

조선 정치의 주체입니다.

외국인의 원조는 받을지언정

그 괴뢰가 되어서는 안 됩니다.

우리는 원조를 받아 자립할 뿐

편향과 의존은 절대 금물입니다.

『조선인민보』 1946.4.6.

김마리아의 말

1892 — 1944
06.18.   03.13.

김마리아

3·1운동과 여성 독립운동 단체를 이끈 독립운동가다. 정신여학교와 일본 동경여자학원에서 수학하고, 2·8독립선언과 3·1운동에 참여해 고문을 겪고 투옥되었다. 출옥 후 대한민국애국부인회를 조직해 회장을 맡았다. 이후 상해 임시정부 활동과 미국 유학을 통해 국제무대에서 독립운동을 이어갔으며, 귀국 후에는 여성 교육과 기독교 신앙운동에도 헌신했다. 1962년 건국훈장 독립장에 추서되었다.

나라 사랑하는 간절한 뜻만은 양보하지 않겠습니다

사천년 혹은 반만년의 교육을 받으신 여러분들이,

겨우 대문 밖에도 다른 사람이 있다고 하는 것을

알게 된 지가 삼십년이 될까 말까 하는 지식으로

어린 누이들이 하는 것을 보실 때에

웃으실 만한 것도 많을 것은 우리도 아는 바입니다.

경험이 없고 배운 바가 적기 때문에

우리의 생각하는 것이든지

또는 원만한 효과를 얻을 수 있게

조직적으로 일을 할 줄은 모르되,

나라를 사랑하는 붉은 정성,

사회를 위해 무엇을 해보겠다는 간절한 뜻만은

여러분에게 양보할 마음이 없습니다.

「근화회 취지문」, 1928.

사랑의 길이 먼저다

옛말에 이르기를,

나라를 내 집같이 사랑하라 하였으니

가족의 집이지만 가족 중 한 사람이라도

제 집을 사랑하지 않으면 그 집이 성립하지 못하고

나라는 국민의 나라이나

국민 중에 한 사람이라도 나라를 사랑하지 아니하면

그 나라를 보존치 못할 것은

어리석은 사람이라도 밝히 알 것이다.

인민의 근심은 사랑이 독실치 못한 데 있지

약한 데 있지 아니하니,

사랑의 길은 극히 어렵도다.

「대한민국애국부인회 취지문」, 1919.

그 정성이 지극하지 못하면 첫째로 불가하고

그 국체가 견고하지 못하면 둘째로 불가하고

그 행함이 진중하지 못하면 셋째로 불가하고

그 말함이 신실하지 못하면 넷째로 불가하고

그 모임이 단합하지 못하면 다섯째로 불가하니라.

이 다섯가지 근심이 있으면 사랑의 길이 미진하리니,

어느 틈에 다시 나라 약함을 근심하리오.

고국의 형제들에게

사랑하는 고국 형님!

저를 소생시켜준 세브란스병원을 떠날 때
진력으로 치료해주신 의원 여러분께나
동정의 손으로 간호해주신 간호원 여러분께
제 갈 길을 말하지 못하고 떠나던 고통이야말로
줄기줄기의 눈물이 되었습니다.
얼른 양산으로 얼굴을 가리고 인력거에 몸을 실었습니다.

차차 몸도 건강해가고 하고자 하던 공부도 시작했으니
동생을 위해 염려치 말아주십시오.
맛있는 음식을 대하며 부드러운 의복을 입고

「고국 형님!」, 『동아일보』 1925.3.2.

화려한 자연과 인조적 경치를 구경하며

폭신폭신한 침상에 누울 때마다

현재의 경우를 즐기기보다

멀리 본국과 서북간도와 원동에 계신

동포 형제들의 모습이 먼저 눈에 보이며

남들이 자는 밤에 뜨거운 눈물로

베개를 적시는 일이 수없이 많습니다.

날과 시간을 다투어 예전의 건강을 회복하기를 원합니다.

돌아가서 조국 강산을 다시 밟고

굶주림과 쓰리고 아픔을 형님들과 같이하고 싶습니다.

생업에 충실하여 실력을 준비합시다

지금 국내의 상황을 살펴보면

상업인은 상업에, 학생은 학업에 각각 근무하는 일이

이전에 비하여 배나 높습니다.

이것으로 우리의 실력을 준비하여

이 앞에 오는 독립을 기대하는 것입니다.

이제 여러분에게 부탁하는 말씀은

일하시는 분은 부지런히 일하여 금전을 많이 저축하시고

자녀가 있는 분은 공부를 시켜주시고

공부하는 학생은 부지런히 공부하여

우리의 장래를 위하여 준비하는 것이

필요하다고 생각합니다.

1923년 7월 25일 새크라멘토 환영회 연설. 『신한민보』 1923.8.2.

더욱 진력하고 모두 협력합시다

유무식을 물론하고

빈부귀천 차별 없이

이기심을 다 버리고

국권확장 네 글자만

굳건하온 목적 삼고

성공할 줄 확신하며

장애물을 개의 말고

더욱더욱 진력하며

일심 합력하옵시다

「대한민국애국부인회 취지문」

없는 것이 이유입니다

국내와 해외를 막론하고

우리 민족은 좋지 못한 지위에 있으며

당하는 고생은 경우와 형편에 따라 거의 일반적이니

이것이 무슨 이유에서일까요.

제가 본 바로는 없는 것이 이유라고 하겠습니다.

종교인 정치가 철학자 미술가 교육자

의학자 문학가가 모두 없으며,

금전이 없다고 봅니다.

자기의 천직을 다하는 남녀가 없습니다.

입과 붓으로 일은 하되

실천궁행(實踐躬行)하는 이가 없는 듯합니다.

「고국 형님!」.

(이곳) 남들의 살림살이를 보니, 이상이 실현되었습니다.

한가지 예를 들어 말씀드리면,

여자는 남녀 동등, 여자 해방을 말하기보다

실제로 남자와 같은 학식을 가졌으며 같은 일을 합니다.

우리의 처지와 경우를 생각하면

신년을 맞는 것이 무엇이 그리 기쁘고 즐거우리까만

과도적 시기에 처한 우리로서는

이런 경우를 피하지 못할 것이며

우리의 처사와 후손의 존영이 관계가 있다는 점을

깊이 새겨 잊지 않으려고 합니다.

교육은 완전한 사람을 만드는 것입니다

현대 문명의 특징은 '해방'이라 합니다.

정권 해방, 직업 해방, 노예 해방, 학문 해방, 여자 해방 등등,

이것들이 오늘날 문명의 정신이라 하겠습니다.

사람은 태어난 채로는 사람이 아니요,

그 신체와 정신의 모든 능력을 조화적으로 발달시켜야

비로소 사람이 될 것이외다.

말하자면 교육은 완전한 사람을 만드는 것이외다.

먼저 사람을 만들고 다음에 여자를 만듦이외다.

조선 여자는 조선 사회에 적합하고 유용하도록 하며,

조선 사회에 헌신할 만하게 가르침이외다.

「여성교육론」, 『여자계』 3호, 1918.

우리 자신의 투지로 싸워야 합니다

우리는 우리의 노력으로 성취할 때까지

우리 자신의 다리로 서야 하고

우리 자신의 투지로 싸워야 합니다.

그렇게 하기 위해서

우리에겐 진정한 지도력과 사상의 독립이 필요합니다.

"Initiative But Cooperative Leadership," *The Korean Student Bulletin*, 1931.

스스로 앞장서자

나라의 운명을 남성에게만 맡겨서는 안 된다.

우리들 여성이 스스로 나아가 앞장설 때

국민은 이를 응원할 것이다.

- 동경여자학원 창립기념일 집회(2004.10.25) 증언의 과거 회상 속 김마리아가 했다는 말. 『동경여자학원 광보』 2005년 1월호.

조소앙의 말

1887 — **1958**
04.10.   09.10.

조소앙

趙素昻

경기도 파주 출신의 독립운동가이자 정치인으로, 성균관을 거쳐 일본 메이지대학 법학부를 졸업했다. 유학 중 독립운동 단체를 이끌며 항일운동을 주도했으며, 상해 임시정부 수립에 참여했다. 삼균주의 이념을 바탕으로 대한민국 건국강령을 마련하는 등 독립운동의 이론과 외교를 담당했다. 해방 후 한국독립당 활동을 거쳐 국회의원으로 당선됐으나 한국전쟁 중 납북되어 평양에서 사망했다. 1989년 건국훈장 대한민국장에 추서되었다.

삼균주의는 이것이다

어떤 것을 전체 민족의 행복이라 하는가.

그것은 정치 권리의 균등,

생활 권리의 균등 및

배울 권리의 균등을 말한다.

「한국혁명운동지체계」, 『시사월보』 1931년 제4권.

삼균주의가 가져올 민족과 인류의 행복

전쟁은 인류의 재앙이요, 평화는 인류의 행복이다.

그런데 전쟁은 균형을 상실하므로 폭발되는 것이요,

평화는 균등을 유지함에서 존재할 수 있는 것이다.

그러므로 우리가 주장하는

정치·경제·교육의 삼균원칙을 실현함에서만

개인과 개인, 민족과 민족, 나라와 나라,

세계 전 인류의 행복이 있을 수 있다는 것을

확실히 인식할 수 있는 것이다.

다시 말하면 인류 사회의 균등을 실현함으로써

행복이 올 것이오,

균등을 실현하지 못함으로써

재앙이 올 것을 확실히 인식할 수 있다는 것이다.

「한국독립당당의해석」, 1940년경으로 추정.

자유롭고 공평한 삶을 지향한다

한살림은 무치(無治)를,

즉 국가기구(府院)와 분리되는 것을

궁극적인 목표로 한다.

국가기구가 발생한 까닭은 절대적이지 않으니

자유를 구속하는 것을 필요로 하는 시기는

장차 몰락할 것이다.

따라서 이를 간단히 말하면,

독립은 그 출발점이며 공평한 삶(公生)은 그 지름길이다.

다스리지 않으며 공평한 삶을 사는 것이

그 궁극적인 목표이다.

「한살림요령」, 1922년으로 추정.

용기 예찬

세찬 바람에도 서 있는 것은 풀의 용기이고,
서릿발에도 꽃을 피우는 것은 국화의 용기이며,
눈에 아랑곳없이 향기를 내는 것은 매화의 용기이다.
추운 겨울에도 시들지 않는 것은
소나무와 잣나무의 용기이고,
강물이 흐르는데도 구르지 않는 것은 돌의 용기이며,
어지러운 세상에 처해 있어도 미혹되지 않는 것은
사람의 용기이다.

용기 있는 사람은 자기를 다스리는 데 서두르니,
두 눈이 사악하더라도 날카롭게 도려내고
두 손이 망령되더라도 끊어버린다.

「발해경」, 『김상옥전』, 1925.

이처럼 선한 일을 행한다면

어디에 사악함이 감히 존재하겠으며,

이처럼 용기를 기른다면

어떤 적이 감히 맞서겠는가.

용기란 것은 자기를 이롭게 하고 사물을 이롭게 한다.

한 마을의 부끄러움을 부끄럽게 여기고

한 나라의 부끄러움을 부끄럽게 여기며

한 세상의 부끄러움을 부끄럽게 여기니

부끄러워할 만한 것을 부끄럽게 여기는 것이

용기 있는 무리이다.

용기를 기르는 데 길이 있으니

작은 일에 용기를 내지 않으면
큰일에 용기를 낼 수 없다.

삶이란 것은 용기의 뿌리이고
죽음이란 것은 두려움의 뿌리이니
용기는 삶에서 생겨나며
두려움은 죽음에서 생겨난다.
삶과 죽음의 뿌리를 아는 것이
그 용기의 시작일지어다.

용기를 잘 기르는 사람은
스스로 업신여기지 않으며,
또한 스스로 속이지도 않는다.

사람이 한번 스스로 속이면

용기를 열배나 잃게 되고,

사람이 한번 스스로 업신여기면

용기가 십리나 후퇴하게 된다.

그러므로 스스로 공경하는 것이

용기를 행하는 방법이다.

우리의 적은 오로지 일본이다

우리의 적은 우리 민족 자체 내에 있거나

또는 그밖의 민족이나 국가 내에 있는 것이 아니고

오로지 이민족 일본에 있는 것이다.

그러므로 우리의 투쟁 대상은 뚜렷하게 되었고

조금도 현혹할 이유가 없는 것이다.

「한국독립당당의해석」.

신민주주의를 말한다

우리의 신(新)민주주의는

소수가 다수를 통치하는

착취기계로서의 국가 또는 정부를

근본적으로 부인하고,

다수가 다수 자신을 옹호하는

자치기능의 임무를

충실하게 실천하지 않을 수 없는

독립정부를 수립하려는 것이다.

「당원들에게 고하다」, 『사상휘보』 제7호, 1936.6.

한국의 독립과 민주국가 건설은 마땅하다

한국은 팔만 오천 평방리의 국토와

삼천만의 단일민족으로 이루어진 나라이고,

물자가 풍부하고 사람들이 지혜와 능력을 갖추고 있어

나라를 세워서 자치하기에 충분한 역량이 있다.

동아시아 정세를 위해서나

한국 자신을 위해서나

두루 독립 자주의 민주국가를 건립하는 것은 마땅한 일이다.

「태평양전쟁과 한국문제」, 『대공보』 1945.2.5.

한국의 찬란한 독립 역사와 투쟁

한국은 유구하고 찬란한 문화와 독립의 역사를 지녔다.

따라서 오늘날까지도 한국 민족의 한줄기 정기가

천지를 관통하여 변하지 않고,

포학한 일본의 무력 정책에도 소멸되지 않았다.

오히려 합방 이후 백번 단련한 굳센 기상을 떨쳐

만번 죽기를 무릅쓰고 자유를 쟁취하기 위해

수십년간 분투하였다.

하루하루를 곤궁하고 굶주린 가운데서도

그 뜻과 기상을 북돋아 세계에 떨쳤으며,

항일구국을 위해 목숨을 걸고

줄곧 분투하기를 한결같이 했다.

「미래 세계에서의 한국의 위치」, 『시사신보』 1944.10.10.

미래의 한국은 위대할 것이다

미래 세계에서는

한국 민족의 위대함을 보게 될 것으로 확신한다.

그 위대함은 그저 나라를 회복하는 데 있지 않고

반드시 나라를 건설하는 데 있으며,

그 위대함은 그저 독립국가의 형식을 얻는 데 있지 않고

반드시 근대국가의 새로운 임무를 집행하는 데 있다.

「미래 세계에서의 한국의 위치」.

한국은 진정한 민주세계를 구현할 것이다

한국인이 바라는 자주독립은

부국강병이라는 옛 형식에 있지 않다.

반드시 남에게 선을 행하여

천하가 우리 모두의 것인

진정한 민주세계를 구현하는 데 있다.

이는 바로 우리 한국인이 말하는

세계 한 가족이라는 궁극적 목적이니,

이를 달성함으로써 한국의 세계적 지위를 높일 수 있다.

「미래 세계에서의 한국의 위치」.

박차정의 말

1910 — 1944
05.07.   05.27.

박차정
朴次貞

부산 출신의 독립운동가이자 사회주의 활동가로, 학생 시절 근우회 활동을 통해 여성 항일운동을 주도했다. 1929년 광주학생운동 배후로 투옥되었고, 1930년 중국으로 피신해 의열단에 가입한 뒤 김원봉과 결혼했다. 민족혁명당 결성, 조선의용대 부녀복무단 단장을 맡아 무장항일투쟁을 전개했다. 곤륜관전투에서 중상을 입고 투병 중에도 항일 글을 남기다 중국 중경에서 요절했다. 1995년 건국훈장 독립장에 추서되었다.

남경조선부녀회 선언문

우리 조선의 여성은

오랫동안 전통적 속박으로 인권이 유린되어왔고

다시 일본제국주의에 의해

생존권을 박탈당함으로써

전통적 속박에 의한 가정의 노예일 뿐만 아니라

일본제국주의 약탈시장의 상품으로

임금노동의 노예로 전락하게 되었다.

이러한 현실에서

선구적인 여성〔婦女〕들에 의한 활동이 있었지만

일본 경찰의 탄압과 지도부가 통일되지 못함에 의해

운동이 활발히 전개되지 못하였다.

또한 여성 대중과 동떨어진

1936.7.16.

몇몇 간부들의 운동이어서

전 민족 혁명운동과 연결을 갖지 못하였기 때문에

우리 운동이 대단한 공을 거두지 못하였다.

우리 조선 여성을 현재 봉건적 노예제도하에

속박하고 있는 것도 일본제국주의고,

또 우리를 민족적으로 박해하고 있는 것도

일본제국주의다.

우리들이 일본제국주의를 타도하지 않는다면

우리 여성은 봉건제도의 속박과

식민지적 박해로부터 해방되지 못한다.

또 일본제국주의가 타도된다고 하더라도

조선의 혁명이 정치·경제·사회 등 각 방면에서

진정한 자유·평등의 혁명이 아니라면

우리 여성은 철저한 해방을 얻지 못한다.

반드시 이기기 위해 일어서라!

조선에서 자란 소년들이여!

가슴이 피 용솟음치는 동포여!

울어도 소용없는 눈물을 거두고,

결의를 굳게 하여 모두 일어서라!

한을 지우고 성스러운 싸움으로

필승의 의기가 여기에서 뛴다.

조선혁명정치군사간부학교 교가 일부.

진정한 동아시아의 해방

우리는 잘 알고 있습니다.

일본제국주의의 굴레 아래 놓인

대다수 가난한 대중은 모두 전쟁을 몹시 혐오합니다.

일본제국주의가 세계의 평화와 정의에 반하는

전쟁과 침략의 실행자이며,

그것이야말로 인류 생존의 위협이라는 사실을

명확히 알고 있습니다.

이와 같은 침략 전쟁은

결코 개혁을 위한 것이 아니라,

소수 지배계급이 다수의 일본 민중과

「일본의 혁명대중에게 고한다」, 『조선민족전선』 창간호, 1938.

약소민족을 희생시키며

자신의 특권과 이익을 지키기 위해 벌이는 것입니다.

이 전쟁 속에서 가장 큰 희생을 치르고 있는 사람들은

다름 아닌 일본 노동자와 농민입니다.

이들은 목숨과 자유를 빼앗기고 있습니다.

지금 일본제국주의는

독일과 이탈리아의 파시스트와 결탁하여

전쟁을 확대하고 있으며,

국내의 노동 대중과 식민지 민족에게는

더욱 미친 듯이 강제징용과 세금 징수,

군사 동원을 가하고 있습니다.

조선과 대만 등의 식민지 민족에 대해서는

더욱 심각하게 정치적 활동을 금지하고 억압하며,

특히 독립운동 세력에 대해서는

혹독한 투옥과 탄압을 자행하고 있습니다.

우리 조선 혁명가들은,

일본 인민의 진보 세력과 손잡고,

민족해방과 인류해방을 위한 투쟁을 멈추지 않을 것입니다.

우리의 목표는 단 하나,

바로 해방입니다!

여성이 존엄을 얻지 못하면 민족해방도 허울이다

조선 농민은 땅을 잃었고,

여성은 몸까지 착취당했다.

이는 단지 경제적 문제에 그치지 않고,

민족 전체의 존엄이 짓밟히는 일이었다.

일본은 '문명화'라는 명분으로 조선 사회를 파괴했고,

조선 여성은 이중의 고통 속에 놓였다.

하나는 민족 억압으로 인한 고통이고,

다른 하나는 성별 억압으로 인한 고통이었다.

이런 현실 속에서 여성해방운동은

필연적인 시대적 과제로 떠올랐다.

여성의 권리를 회복하고,

여성이 자주적인 인간으로 서기 위한 투쟁은

「조선 여성과 여성운동」, 『조선민족전선』 제3호, 1938.

결코 '부차적'이거나 '사소한' 문제가 아니었다.

이는 민족해방과 동일한 선상에 있는 중요한 문제였다.

만약 여성이 인간으로서의 존엄을 회복하지 못한다면,

민족해방 또한 허울에 불과하다.

그러므로 여성운동은 결코

일부 지식인 여성들만의 일이 아니라,

전체 민중의 해방과 직결되는 것이다.

여성은 단순히 보조자가 아닌,

해방의 주체가 되어야 한다.

그리고 더 많은 이들의 말

강평국

1933.08.12.
~
1900.06.19.

1919년 3월 1일 경성여자고등보통학교 재학 당시 친구들과 함께 탑골공원에서 독립선언식에 참여하고 대한문 앞 등을 돌면서 만세를 불렀다. 이후 근우회와 제주 및 일본 동경의 사회단체 활동에 적극 참여하며 독립운동을 이어갔다.

여성이여, 공부하고 참여하라

나라에 봉사하는 길은 여성도 공부하는 길이다.

여자라고 반드시 남성들에게 뒤지란 법은 없다.

여성의 법적·사회적 지위가 남성과 동등해야 한다.

공부하다 졸음이 오면 대한 독립 만세를 불러라.

곽낙원

1859.02.26.
~
1939.04.26.

황해도 장연의 가난한 농가에서 태어났다. 김구의 어머니로, 평생 아들의 독립운동을 헌신적으로 뒷바라지했다. 상해 임시정부에 머물며 두 손자를 키우고, 후일 독립운동가 가족들의 정신적 지주가 되었다. 1992년 건국훈장 애국장을 추서받았다.

이제 '자네'라고 부르겠네

나는 지금부터 시작해

'너'라는 말을 고쳐 '자네'라고 하고,

잘못하는 일이라도 말로 꾸짖고 회초리를 쓰지 않겠네.

듣건대 자네가 군관학교를 하면서

여러 청년을 거느리고 남의 스승이 된 모양이니,

나도 체면을 세워주자는 것일세.

김규식

1881.01.29.
~
1950.12.10.

임시정부 외무총장·부주석 등을 역임하며 외교와 선전 활동에 헌신했다. 파리강화회의 대표, 통일전선 형성 주도, 민족혁명당 주석 등으로 활약했고, 좌우합작과 통일정부 수립을 위해 노력했다. 한국전쟁 당시 납북되었고, 건국훈장 대한민국장이 추서되었다.

합심하고 준비해야 독립이 있소

본래 우리의 독립은 평화회의나

모종의 유력한 단체로부터 승인을 받거나

첩지(帖紙)를 내어주듯 할 것이 아니오.

우리의 최고기관으로부터

각 단체 또는 전 민족의 합심과 준비 여하에 달렸나니,

이것이 있으면 우리에게 독립이 있고

그렇지 않으면 우리에게는 파멸이 있을 따름이오.

고로 금일 우리 민족은

그 멸취(滅取)의 기로에 서 있는 것이오.

1921년 1월 상해 환영회 연설.

김란사

1872.09.01.
~
1919.03.10.

최초의 관비 여성 유학생으로 일본과 미국에서 유학 후 귀국해 여성 교육과 계몽운동에 앞장섰다. 이화학당 교사로 민족의식을 고취했으며, 강연과 모금 활동으로 독립운동을 지원했다. 파리강화회의 참석을 위해 중국에 갔다가 현지에서 순국했다.

나는 배우고 싶습니다

내 인생은 이렇게 밤중처럼 캄캄합니다.

나에게 빛을 찾을 수 있는 기회를 주지 않겠습니까?

어머니들이 배우고 알아야

자식을 가르칠 수 있지 않겠습니까.

김명시

1907.05.15.
~
1949.10.03.

마산과 서울에서 여성운동과 사회주의운동에 헌신했다. 조선여성동우회 등에서 활동하고, 상해와 만주, 모스크바를 오가며 항일운동에 참여했다. 『반일전선』을 발행하며 선전활동을 전개하다 체포되어 6년형을 선고받았다. 2022년 건국훈장 애국장을 받았다.

한 뭉치가 되어야 한다

조선 사람은 친일파나 민족 반역자를 제외하고
다 통일전선에 참가해 한 뭉치가 되어야 한다.

『동아일보』 1945.12.23.

김알렉산드라 페트로브나 스탄케비

1885.02.22.
~
1918.09.16.

러시아 연해주에서 태어나 블라디보스토크와 우랄 지역에서 노동자 권익과 독립운동에 헌신한 혁명가다. 러시아 볼세비키의 극동 활동가로 활약하며 한인사회당 창립과 『자유종』 발간 등 항일 선전과 무장투쟁에 앞장섰다. 1918년 백위파에 체포되어 처형되었다.

내 부모의 고향, 그곳을 위해

비록 가보진 못했지만

우리 아버지 고향이 조선인데 팔도라고 들었다.

내 한발 한발에 조선에 살고 있는 인민들,

노동자들의 미래에 대한 희망,

새로운 사회가 실현되기를 바라는 마음을 담는다.

김좌진

1889.11.24.
~
1930.01.24.

한학을 수학한 후 대한제국 장교로 임관하였으나 군대 해산 후 애국계몽운동에 참여하고 독립운동에 투신했다. 만주에서 북로군정서 사령관으로 활약하며 청산리전투를 승리로 이끌었다. 이후 신민부를 조직해 독립군 재편과 민족교육에 힘썼으며, 한족총연합회를 창립해 실업과 교육운동을 전개하던 중 암살되었다.

창자가 끊어지는 고통 〔斷腸之痛〕

적막한 달밤에 칼머리의 바람은 세찬데

칼끝에 찬 서리가 고국 생각을 돋구누나.

삼천리 금수강산에 왜놈이 웬 말인가.

창자가 끊어지는 아픈 마음 쓸어버릴 길 없구나.

김창숙

1879.07.10.
~
1962.05.10.

유림 출신 독립운동가로 파리장서운동을 주도하고 대한민국 임시의정원 의원으로 활동했다. 의열단 자금 지원, 건국동맹 참여 등으로 투쟁했고 광복 후에는 임시정부 옹호와 반탁·반독재 투쟁에 앞장섰다. 성균관대학교 초대 총장을 지냈으며 말년까지 권위주의에 저항했다.

나는 당당한 적국의 포로다

나는 대한 사람으로 일본 법률을 부인한다.

(그러니) 일본 법률론자에게 변호를 위탁한다면

대의에 모순되는 일이다.

나는 포로다.

포로로서 구차하게 살려고 하는 것은 치욕이다.

결코 내 지조를 바꾸어 남에게 변호를 위탁하여

살기를 구하지 않는다.

김향화

1897.07.16.
~
1950.

본명 김순이. 수원 출신의 기생으로 1919년 수원 3·1 만세운동을 기생 동료들과 함께 주도했다. 태극기를 품고 자혜병원과 경찰서 앞에서 만세를 외쳤으며, 체포되어 징역형을 받고 옥고를 치렀다. 이후 김우순으로 개명하고 숨어 지냈다. 2009년 대통령표창에 추서되었다.

우리는 금수가 아니다

왜놈들이 정조대왕의 효심이 서린 봉수당에

의원을 들여 치욕스러운 검사를 받으라는 건

우릴 금수처럼 학대하는 것이고

조선을 욕보이려는 수작이다.

남자현

1872.12.07.
~
1933.08.22.

을미의병에 참여한 남편의 순국 이후 독립운동에 헌신하며, 간호와 교육, 여성계몽운동에 힘썼다. 청산리전투에 참여해 '독립군의 어머니'로 불렸고, 혈서로 독립을 호소하며 무장 거사도 감행했다. 일제에 체포되어 고문과 단식 끝에 순국했다.

독립운동을 이어가라

만일 너의 생전에 독립을 보지 못하면

너의 자손에게 똑같은 유언을 하여

내가 남긴 돈을 독립 축하금으로 바치도록 해라.

동풍신

1904
~
1921

3·1운동 당시 함경도 화대장터 만세시위에 참가해 아버지가 헌병의 총탄에 순국하자 시신을 부둥켜안고 독립만세를 외쳤다. 시위대와 함께 면사무소를 불태우고 체포되었으나 옥중 고문과 회유에도 굴하지 않고 단식한 끝에 17세에 순국했다. 1991년 건국훈장 애국장을 추서받았다.

17세의 독립운동가가 조서에 남긴 말

만세를 부르다 총살된 아버지를 대신해서 만세를 불렀다.

박은식

1859.09.30.
~
1925.11.01.

『황성신문』 주필과 『대한매일신보』 논설위원으로 활동하며 자강론과 교육·실업 중심의 구국운동을 주장했다. 『한국통사』 『한국독립운동지혈사』 등 다수의 저서로 민족혼을 고취하며 독립정신을 일깨웠고, 임시정부 제2대 대통령으로서 독립운동의 통일과 단결을 호소했다.

국혼은 살아 있다

국교(國敎), 국학, 국어, 국문, 국사는

국혼(國魂)에 속하는 것이요,

전곡(錢穀), 군대, 성지(城池), 함선, 기계 등은

국백(國魄)에 속하는 것으로

국혼의 됨됨은 국백에 따라서 죽고 사는 것이 아니다.

그러므로 국교와 국사가 망하지 아니하면

국혼은 살아 있으므로 그 나라는 망하지 않는다.

『한국통사』

박자혜

1895.12.11.
~
1943.10.16.

조산원으로 일하며 3·1운동에 참여해 간우회를 조직하고 유인물을 배포했으며, 이후 중국으로 건너가 신채호와 결혼해 독립운동을 함께했다. 나석주의 의거를 도운 바 있으며, 신채호의 유해를 모셔오고 생계를 위해 산파업을 하며 독립운동가들과 국내외 연락을 이어갔다.

당신은 어디에 있습니까

당신이 남겨놓고 가신

비참한 잔뼈 몇개 집어넣은 궤짝을 부둥켜안고

마음 둘 곳 없나이다.

작은 궤짝은 무서움도 괴로움도 모르고

싸늘한 채로 침묵을 지키고 있습니다.

당신의 원통한 고혼은 지금

이국의 광야에서 무엇을 부르짖으며 헤매나이까.

방정환

1899.11.09.
~
1931.07.23.

어린이날을 제정하고 잡지『어린이』를 창간한 어린이운동의 선구자다. 천도교청년회와 색동회를 중심으로 활동했으며, 개벽사에서『개벽』『신여성』『학생』등 여러 잡지를 편집해 민족의식 고취와 계몽활동에 기여했다.

동무에게

조선의 소년 소녀

단 한 사람이라도 빼지 말고

한결같이 '좋은 사람'이 되게 하자.

손병희

1861.04.08.
~
1922.05.19.

동학 3대 교조이자 천도교 창시자로, 교조 신원운동과 동학농민운동에 앞장선 후 동학을 천도교로 개칭하고 근대적 종교 체계를 수립했다. 근대교육을 지원하고 『만세보』 창간 등 언론과 문화사업에도 기여했으며, 3·1운동 당시 민족대표 33인으로 독립선언을 주도했다.

만세를 부릅시다

우리가 만세를 부른다고

당장 독립이 되는 것은 아니오.

그러나 겨레의 가슴에

독립정신을 일깨워주어야 하기 때문에

이번 기회에 꼭 만세를 불러야겠소.

신규식

1880.01.13.
~
1922.09.25.

대한제국기에 무관학교를 졸업하고 장교로 임관했으며 교육과 실업 활동에 뛰어들었다. 신해혁명 후 중국으로 이주해 동제사를 조직했고 중국 혁명지사와 교류했다. 『한국혼』을 집필하여 민족의식을 고취했다. 대한민국임시정부 법무총장을 역임하고 국무총리를 대리했다.

거름이 되겠습니다

죽음은 거름의 역할을 하는 것.

내 한 몸 거름이 되어

무수한 열매를 맺을 수 있다면 여한이 없겠다.

안경신

1888.07.22.
~
미상

3·1운동 당시 평양 만세운동을 주도했고, 대한애국부인회 재무원으로 군자금 모집에 참여했다. 일제의 탄압을 피해 상해로 이주한 뒤 임시정부와 협력해 평양 경찰국에 폭탄을 투척하는 의열투쟁을 감행했다. 체포되어 징역형을 받았으나 기개를 꺾지 않고 항거했다.

너희들을 응징하리라

나는 일제 침략자를 놀라게 해서

그들을 섬나라로 철수시킬 수 있는 방법이

무엇인가를 곰곰이 생각해보았다.

그것은 곧 무력적인 응징이다.

유관순

1902.12.16.
~
1920.09.28.

3·1운동 당시 이화학당 학생으로 만세시위에 참여한 뒤 고향 병천으로 내려가 아우내장터 만세운동을 주도했다. 시위 중 가족과 동지들이 일제의 총칼에 희생되었고, 본인도 체포되어 고문과 옥고를 견디다 끝내 서대문형무소에서 순국했다.

벌을 줄 권리는 우리에게 있다

나는 한국 사람이다.

너희는 우리 땅에 와서 우리 동포들을 수없이 죽이고

나의 아버지와 어머니를 죽였으니

죄를 지은 자는 바로 너희들이다.

우리가 너희에게 형벌을 줄 권리는 있어도

너희는 우리를 재판할 그 어떤 권리도 명분도 없다.

윤봉길

1908.06.21.
~
1932.12.19.

청년 시절부터 농민운동과 문맹 퇴치에 헌신하며 민족의식을 키웠다. 독립운동을 위해 상해로 이주해 김구가 조직한 한인애국단에 가입했다. 1932년 4월 29일 상해 훙커우공원에서 수통 폭탄을 투척해 일본군 수뇌부를 응징했고, 체포되어 일본에서 총살형으로 순국했다.

강보에 싸인 두 병정에게

너희도 만일 피가 있고 뼈가 있다면

반드시 조선을 위해 용감한 투사가 되어라.

태극의 깃발을 높이 드날리고

나의 빈 무덤 앞에 찾아와 한잔 술을 부어놓으라.

그리고 너희들은 아비 없음을 슬퍼하지 말아라.

사랑하는 어머니가 있으니 어머니의 교양으로 성공자로.

동서양 역사상 보건대

동양으로 문학가 맹자가 있고

서양으로 불란서 혁명가 나폴레옹이 있고

미국의 발명가 에디슨이 있다.

바라건대 너희 어머니는 그의 어머니가 되고

너희들은 그 사람이 되어라.

윤형숙

1900.09.13.
~
1950.09.28.

수피아여학교 재학 중 1919년 광주 만세 운동에 참여해 일제의 칼에 왼팔이 잘리는 중상을 입었다. 옥고 중 오른쪽 눈도 실명되었으며, 이후 야학과 유치원 교사로 활동하며 교육에 헌신했다. 광복 후 기독교 선교사로 일하다 한국전쟁 중 북한군에 의해 희생되었다. 2004년 건국포장이 추서되었다.

내 양팔의 쓸모

왼팔은 조국을 위해 바쳤고

나머지 한 팔은 문맹자를 위해 바친다.

이봉창

1901.08.10.
~
1932.10.10.

1931년 상해에서 김구를 만나 한인애국단에 가입했다. 이듬해 1월 8일 일본 도쿄에서 히로히토 천황 암살을 시도했으나 실패하고 체포되어 같은 해 10월 사형되었다. 광복 후 유해는 윤봉길, 백정기와 함께 귀환되어 효창공원에 안장되었고, 1962년 건국훈장 대통령장이 추서되었다.

영원한 쾌락을 위하여 왔습니다

앞으로 삼십일년을 더 산다 해도

지금보다 더 나은 재미가 없을 것입니다.

인생의 목적이 쾌락이라면

지난 삼십일년 동안 쾌락이란 것을 모두 맛보았습니다.

이제부터 영원한 쾌락을 위해

목숨을 바칠 각오로 상해에 온 것입니다.

이상설

1871.01.27.
~
1917.04.01.

조선 말기 과거에 급제한 유학자이자 개화기 지식인이다. 을사조약 반대 상소와 자결 시도로 항일 의지를 드러냈으며, 헤이그특사로 파견되어 국제 여론에 독립을 호소했다. 이후 러시아로 망명하여 서전서숙 설립, 권업회 조직, 대한광복군정부 수립 등 항일운동을 주도하며 독립운동의 이론가이자 실천가로 활동했다.

그 전에는 혼인들 조국으로 돌아가랴

동지들은 합세하여

조국 광복을 기필코 이룩하라.

나는 조국 광복을 이루지 못하고 이 세상을 떠나니

어찌 고혼인들 조국에 돌아갈 수 있으랴.

이원록

1904.04.04.
~
1944.01.16.

다른 이름 '이육사'로 널리 알려졌다. 의열단 계열의 무장투쟁과 사회주의 계열 운동에 참여했으며, 「광야」 「절정」 등의 시를 통해 민족의식을 고취시켰다. 조선혁명군사정치간부학교를 졸업한 뒤 국내외에서 항일운동을 전개하다 체포되어 북경 감옥에서 순국했다.

청포도

하늘 밑 푸른 바다가 가슴을 열고

흰 돛단배가 곱게 밀려서 오면

내가 바라는 손님은 고달픈 몸으로

청포를 입고 찾아온다고 했으니

내 그를 맞아 이 포도를 따 먹으면

두 손은 함뿍 적셔도 좋으련

이회영

1867.03.17.
~
1932.11.17.

경주이씨 명문가 출신으로, 벼슬을 마다하고 인격 수양과 평등 실천에 힘썼다. 신학문과 독립운동에 뜻을 두고 여섯 형제와 함께 서간도로 망명, 전 재산을 들여 신흥학교를 세워 독립군을 양성했다. 무정부주의 계열 독립운동의 중심으로 활동하며 투쟁하다 일제에 체포되어 순국했다.

크게 일어나 세계와 나란히 서자

이천만 동포가 크게 깨닫고 일어나

국민의 지혜를 밝게 하고, 정치를 쇄신해야 한다.

문화가 발전되고 풍기가 선명해져

독립과 자유를 완전하게 하고,

세계 열강과 나란히 서서 경쟁하게 되고 난 후에야

보국안민을 기할 수 있을 것이다.

정인보

1893.05.06.
~
1950.11.

명문가 출신의 유학자이자 사학자, 교육자, 독립운동가로, 양명학을 기반으로 민족정신과 자주사관을 정립했다. 동제사 활동과 국학 연구와 『조선사연구』 저술 등으로 정신문화 보존에 앞장섰으며, 3·1절 노래 등 여러 노래를 작사했다. 광복 후 감찰위원장을 지냈고, 한국전쟁 중 납북되어 사망했다.

하나의 얼

일언(一言), 일사(一事), 일행(一行), 일동(一動)

깡그리 골자가 '얼'이어야 한다.

조마리아

1862.04.08.
~
1927.07.15.

안중근의 어머니로, 국채보상운동에 참여했고 아들의 이토 히로부미 처단 이후 독립운동에 투신했다. 러시아로 이주해 재러 동포들에게 독립의식을 고취했으며, 상해 임시정부에서도 후원 활동과 독립운동을 돌보는 역할을 수행했다.

조선의 생명은 무엇으로 갚으려느냐

일본이 이토를 일방적으로 옹호하여 중근을 형벌할진대, 한국의 수십만 생명을 장차 무엇으로 대신하려느냐.

조만식

1883.02.01.
~
1950.10.18.

'조선의 간디'로 불린 민족운동가이자 교육자다. 평양 오산학교 교장과 YMCA 총무로 활동하며 금주·금연·물산장려 운동 등을 이끌었고, 신간회 평양지회장, 조선민주당 당수 등을 맡았다. 광복 후 소련군정에 맞서 신탁통치에 반대했으며, 북한 권력에 의해 숙청되었다.

오직 민족의식으로

우리는 먼저 조선 사람임을 알아야 하고
자신을 분명하게 인식하여야 한다.

조신성

1873.
~
1953.05.05.

교육자이자 여성운동가로, 근우회 평양지회와 여성실업장려회 등을 이끌며 민족·여성 해방운동을 전개했다. 독립청년단 활동으로 투옥되기도 했으며, 광복 후에도 부인회 등에서 활동했다.

회갑 잔치에서

일거리 많은 조선에 태어난 것은

더없는 천행(天幸)이지만

일터에 알맞은 일꾼이 되지 못하니 부끄러울 뿐이다.

내 나이 사십년을 깎아 스무살의 청년이 되어

다시 조국의 일터에 몸을 바치려 한다.

주세죽

1899.06.07.
~
1950.

여성 사회주의 운동가다. 조선여성동우회·경성여자청년동맹·근우회 창립에 주도적으로 참여했으며, 조선공산당과 고려공산청년회 활동에도 적극 나섰다. 박헌영과 결혼해 함께 활동했으며, 일제의 감시와 탄압을 피해 소련으로 망명했으나 현지에서도 정치적 박해를 겪었다.

나는 단발을 주장합니다

내가 단발을 주장하는 것이

하등 새 사상이나 주의를 표방함이 아니오.

또한 일시 신유행에 감염되어

기분으로나 양풍, 중독으로써 주장함이 아니외다.

실생활에 임하여 편리하고

또한 위생에 적합한 여러가지 이점을 발견한 까닭입니다.

남자들이 양복을 입은 것은 편리한 점이 있기 때문이외다.

여자의 단발도 역시 그렇습니다.

「나는 단발을 주장합니다」, 『신여성』 43호, 1925.

주시경

1876.12.22.
~
1914.07.27.

국어학자이자 국문운동가. 서재필을 도와 『독립신문』 제작에 참여했고, 국어문법을 체계화한 연구를 통해 국어학의 초석을 놓는 한편, 왕성한 국어보급운동을 펼쳐 수많은 제자를 키웠다. 저서로 『국어문전음학』 『국어문법』 『말의 소리』 등이 있다.

우리 말과 글을 강구합시다

오늘날 나라의 바탕을 보존하기에 가장 중요한

자기 나라의 말과 글을 이 지경을 만들고 도외시한다면,

나라의 바탕은 날로 쇠퇴할 것이요,

나라의 바탕이 날로 쇠퇴하면,

그 미치는 바 영향은 측량할 수 없이 되어

나라 형세를 회복할 가망이 없을 것이다.

이에 우리나라의 말과 글을 강구하여

이것을 고치고 바로잡아, 장려하는 것이

오늘의 시급히 해야 할 일이다.

『국어문전음학』

지청천

1888.01.25.
~
1957.01.15.

일본 육군사관학교 출신으로, 일본군 장교에서 독립운동가로 전향해 청산리전투를 이끈 독립군 지도자다. 신흥무관학교 교관, 서로군정서 총사령관, 정의부 사령관 등을 역임했으며, 한국광복군 총사령관으로 광복군 창설을 주도했다. 광복 후 임시정부 주화대표단 대표로 활동했고, 귀국 후에도 독립운동 유산 정리에 힘썼다.

모든 힘으로 맞서야 한다

나라의 흥하고 망함은 국민 모두의 책임이다.

남녀노소를 막론하고 국민된 자 모두 힘을 모아

우리의 생존을 침해하는 적과 맞서 싸워야 한다.

독립은 남이 주는 것이 아니고

스스로 싸워 찾아야 하는 것이다.

힘을 모으자. 살길은 하나다.

차미리사

1880.08.21.
~
1955.06.01.

여성 교육과 독립운동에 헌신했다. 미국 유학 후 배화학교 교사로 활동했고, 조선여자교육회와 근화학원을 설립해 여성 문해 향상과 민족교육에 힘썼다. 근우회와 YWCA 활동에도 참여했으며, 광복 후 덕성여자초급대학을 설립했다.

네 것으로 하여라

살되, 네 생명으로 살아라.

생각하되, 네 생각으로 하여라.

알되, 네가 깨달아 알아라.

최용신

1909.08.12.
~
1935.01.23.

기독교계 여성 계몽운동가로, 한국 YWCA 농촌지도원으로 활동하며 문맹 퇴치, 위생 개선, 부녀자 계몽에 앞장섰다. 화성 천곡(샘골)강습소 설립을 주도했고 헌신적 봉사로 지역 주민들에게 큰 감동을 주었다. 심훈의 소설『상록수』주인공의 실제 인물이다.

마지막 말

샘골 여러 형제를 두고 어찌 가나.

애처로운 우리 학생들의 전로를 어찌하나.

어머님을 두고 가매 몹시 죄송하다.

내가 위독하다고 각처에 전보하지 마라.

유골을 천곡강습소 부근에 묻어주오.

최재형

1860.08.15.
~
1920.04.07.

러시아 연해주에서 통역, 교육, 상업, 언론, 독립운동 등 다양한 분야에서 활동한 독립운동가다. 계동학교 설립과 『대동공보』 발간, 동의회 조직 등으로 국권 회복을 위해 헌신했으며, 재러 한인 사회의 지도자로서 의병 활동과 계몽운동을 이끌었다. 1920년 일본군에 의해 총살당했다.

동의회 취지문

우리도 개개이 그와 같이 철환(鐵丸)을 피하지 말고

앞으로 나아가서 붉은 피로 독립기를 크게 쓰고

동심동력하여 성명을 동맹하기로

푸른 하늘 밝은 날(靑天白日)에 증명하노니

슬프다 동지 제군이여.

1908년.

홍범도

1868.08.27.
~
1943.10.25.

평안도와 함경도 일대에서 산포수로 활동하다가 일제의 군대 해산과 무장해제를 계기로 의병을 일으켰다. 이후 대한독립군을 조직해 봉오동전투와 청산리대첩 등에서 일본군을 크게 격파하는 데 핵심적인 역할을 했다. 간도, 연해주, 자유시를 거쳐 카자흐스탄으로 강제 이주되어 말년을 보내고 현지에서 생을 마감했다.

독립전쟁의 막이 올랐다

천도(天道)가 순환하고 민심이 응하여

우리 대한 독립을 세계에 선포한 후

위로 임시정부가 있어 군국대사를 주도하며

아래로 민중이 단결하여 만세를 제창할새,

이로써 우리의 공전절후(空前絶後)한 독립군이 나왔도다.

대한독립군 대장 유고문. 1919.12.

우리는 나라를 회복할 것입니다
독립운동가 45인의 말

초판 1쇄 발행/2025년 8월 15일

지은이/김구 외
펴낸이/염종선
책임편집/박주용
조판/황숙화
펴낸곳/(주)창비
등록/1986년 8월 5일 제85호
주소/10881 경기도 파주시 회동길 184
전화/031-955-3333
팩시밀리/영업 031-955-3399 편집 031-955-3400
홈페이지/www.changbi.com
전자우편/human@changbi.com

ISBN 978-89-364-8091-2 03900

* 이 책 내용의 전부 또는 일부를 재사용하려면
  반드시 저작권자와 창비 양측의 동의를 받아야 합니다.
* 책값은 뒤표지에 표시되어 있습니다.

당신은 유신론도 무신론도 아닌 불가지론자인가?

셋째, 불가지론Agnosticism은 신이 존재하는지, 존재하지 않는지 알 수 없다고 생각하는 것이다. 합리주의적이고 실증주의적인 사고를 지닌 인간이 아직 신 존재를 경험한 적도, 깨달은 적도 없다면 신이 존재하는지 아닌지 알 수 없는 것이 지극히 정상적이다. 그러므로 우리는 불가지론자를 회의론자라고 비난할 것이 아니라 정직한 사람이라고 보아야 한다.

사실 불가지론Agnosticism이라는 용어는, '다윈의 불독'으로 불렸던 19세기 영국의 생물학자 토마스 헉슬리Thomas Huxley가 1869년 런던의 한 과학 토론 모임에서 처음으로 사용했던 개념이다. 그는 "불가지론은 우리가 신의 존재 여부를 알 수 없다는 것을 인정하는 태도"라고 정의했다. 또한 "인간의 인식 능력은 제한적이며 우리가 관찰하거나 실험할 수 없는 초월적 문제에 대해 단언할 수 없다"라고 주장했다.[8]

하지만 리처드 도킨스와 같은 공격적 무신론자는 불가지론에 대해 "모호한 중립성을 유지하려는 태도"라고 비판하며 명확한 증거가 없는 가정은 받아들일 수 없다고 주장한다.[9] 경험주의적으로나 귀납법적으로 보면 도킨스의 말이 일리가 있다고 볼 수 있다. 하지만 동일한 경험적 차원에서 인간을 만나 본 개미가 있듯이 신을 만나 본 인간들이 있지 않은가. 그리고 합리주의적으로나 연역법적으로 볼 때, 성경은 신 존재를 인정하는 것이 인간 존재의 출발점이라고 선언하고 있다.

, 그 존재를 만나는 것이 가장 중요한
사 가전제품 선전 문구에 이런 말이 있
이 10년을 좌우합니다." 핸드폰 하나를
우되고, 자동차 하나를 선택하면 5년이
나를 선택하면 반평생이 좌우되고, 배우자
이 좌우된다. 그런데 하나님을 믿을 것인
택은 평생을 넘어 영원eternity을 좌우한다.

없는가?
이라는 말이 있다. 많을수록 좋다The more, the
그러나 이 말 안에는 사람의 만족할 수 없는
담겨 있다. "더 더 더"에는 끝이 없기 때문이
이것이 상대성의 자기모순이다. 상대성은 유한
치 밑 빠진 독처럼 부어도 부어도 채워지지 않

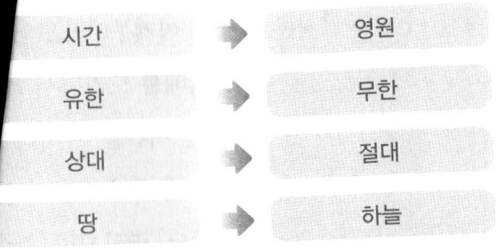

간은 시간 속에 살면서 영원을 바라고, 유한한 존재인

"여호와를 경외하는 것이 지식의 근본이거늘 미련한 자는 지혜와 훈계를 멸시하느니라"_잠언 1:7

"어리석은 자는 그의 마음에 이르기를 하나님이 없다 하는도다 그들은 부패하고 그 행실이 가증하니 선을 행하는 자가 없도다"_시편 14:1

신 존재를 알아보지 않겠는가?

그러므로 무신론을 내려놓고 불가지론을 선택한 사람에게 나는 권면한다. 사실 인간은 자신보다 초월적 차원으로 스스로 올라갈 힘이 없다. 그러나 신은 언제든지 자신보다 낮은 차원인 시공간 세계로 내려오실 수 있다. 그러므로 기도하라고 권한다. "하나님, 정말 하나님이 존재하신다면 저를 찾아와 만나 주십시오."

17세기 프랑스의 천재적인 수학자였던 블레즈 파스칼 Blaise Pascal은 성령체험을 하고 하나님을 인격적으로 만난 그리스도인이었지만, 수학적인 확률의 법칙상 불신자들도 하나님의 존재를 믿는 것이 좋다고 권면했다.

파스칼은 그의 에세이집 「팡세」에서 '파스칼의 내기'라는 철학적 논증을 통해 신의 존재를 믿는 것이 합리적인 선택이라는 사실을 수학적 논리로 설명한다. 신 존재와 그에 대한 믿음으로 인한 결과는 다음과 같이 네 가지로 나누어진다.

파스칼은 기[...]
이 가장 합리적이[...]
파국을 맞이할 이유[...]
하랴 사후 대비하라[...]
risk management에 열과 [...]
차원에서라도 신 존재를[...]
그래서 나는 불가지론[...]
매주 교회에 나와 성경을 [...]
는 존재에 대해 알아가는 것[...]
다. 인생의 우선순위를 매길 때[...]
하지도 중요하지도 않은 일이 [...]
은 일이 있고, 급하면서도 중요한 [...]
여도 가장 중요한 일이 있다.

데 무한한 갈망을 가지며, 상대적 존재임에도 절대성을 갈구한다. 땅 위에 발을 디디고 서 있어도 하늘을 바라보아야 영혼의 숨통이 트이는 존재, 비교급의 삶을 살면서도 언제나 최상급을 꿈꾸는 존재다. 인간에게는 왜 이러한 갈망이 있는가? 그것은 인간이 하나님의 형상대로 지음 받았기 때문이다.

하나님은 우리의 결핍 가운데 일하신다. 우리가 허기지고 목마를 때, 그분은 자신의 풍성함으로 먹이시고 선하심으로 채우신다. 그래서 역설적으로 인간은 결핍 가운데 은혜를 체험하게 되고, 한계 가운데 영원하신 하나님을 만나게 된다. 이것이 반전의 은혜가 아닌가.

사람이 정직하다면 20년, 30년만 살아 봐도 알 수 있는 것이 있다. 세상의 그 어떤 좋은 것도 내 영혼을 100% 완벽하게 만족시킬 수 없다는 것이다. 맛있는 음식도, 화려한 옷도, 돈도 외모도 능력도 명예와 인기도, 그 어떤 것도 내 영혼을 완전히 채울 수 없다. 인간은 채워지지 않는 그릇이다. 먹고 배불러도 돌아서면 다시 배고프고, 자고 충전돼도 활동하다 보면 다시 피곤하다. 상대적인 능력은 그것이 학력이든 능력이든 이력이든 재력이든 영력이든 무엇이든 간에 다 비교우위일 뿐 한계가 있어 언젠가는 열등한 것이 되고 철 지난 것이 되고 만다.

〈달마야 놀자〉라는 영화가 있었다. 조폭들이 사고를 치고 깊은 산골 사찰에 숨어 들어가 지내게 됐다. 약속한 1주

일이 지나고도 조폭들은 더 있겠다고 하고 스님들은 떠나라고 다투자, 주지 스님이 양쪽을 불러 놓고 한 가지 대결 과제를 제안했다. 바로 밑 빠진 독에 물을 가득 채우라는 것이었다. 조폭들은 남는 게 힘이니까 열심히 바가지에 물을 담아 독에 부어댔다. 하지만 물은 결코 채워지지 않았다. 양쪽 다 뾰족한 방법을 찾지 못하던 가운데, 조폭 두목이 한 가지 깨달음을 얻었다. 그 밑 빠진 독을 연못에 넣으니 독 안에 물이 가득 차게 되었다.

비록 불교 영화지만 통찰력이 있는 메시지다. 상대성은 절대성을 만나야 방황이 끝이 난다. 인생의 목마름은 하나님을 만나야 끝이 난다. 채워지지 않은 우리 영혼의 목마름은 절대자 하나님의 사랑의 품에 안길 때에만 해갈된다. 우리는 그분 안에서 참된 만족을 얻는다.

"내가 궁핍하므로 말하는 것이 아니니라 어떠한 형편에든지 나는 자족하기를 배웠노니 나는 비천에 처할 줄도 알고 풍부에 처할 줄도 알아 모든 일 곧 배부름과 배고픔과 풍부와 궁핍에도 처할 줄 아는 일체의 비결을 배웠노라 내게 능력 주시는 자 안에서 내가 모든 것을 할 수 있느니라"_빌립보서 4:11-13

신이 존재한다면, 신은 과연 유일한가?

정말 신이 존재한다면 신은 유일한가? 오늘날은 문화다원주의 시대일 뿐 아니라 종교다원주의 시대가 되었다. 모든 종교가 서로 대화를 나누고 서로를 존중하는 시대가 되었다. 그런데 유독 기독교만 유일신을 고집하기 때문에 타종교들로부터 혹은 비종교인들로부터 배타적이고 편협하다는 비난을 받는다. 그렇다면 과연 모든 종교에서 추구하는 신앙의 길은 같은 것일까? 모든 종교가 같은 신을 믿고 있는 것일까?

종교다원주의에서 갖고 있는 그림은 마치 높은 산에 오르는 것과 같다. 등산로를 A 코스로 오르든, B 코스로 오르든, C 코스로 오르든, D 코스로 오르든 결국 정상에 이르는 것은 같다는 것이다. 종교생활을 통해 신앙심의 궁극적인 꼭짓점인 "신, 구원, 진리(도)"에 이르는 것은 매한가지라는 주장이다. 과연 이것이 맞는 말일까?

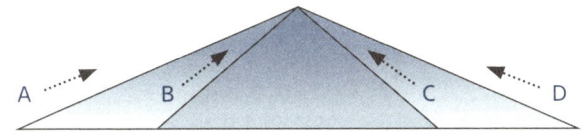

비교종교를 통해서 4대 종교의 기본적인 교리들을 견주어 보면, 하나의 산에 다양한 등산로가 있는 것이 아니라 종교마다 서로가 다른 산이고 다른 꼭짓점이라는 사실을 알게 된다. 그러면 불교, 힌두교, 이슬람교, 기독교의 신론神論에 대해서 알아보자.

불교는 무신론이라는 것을 알고 있는가?

첫째, 불교Buddhism는 놀랍게도 무신론atheism이다. 고타마 싯다르타 붓다는 고대 인도 카필라국의 왕자로 태어나 부유한 삶을 살았지만, 어느 날 왕궁 밖으로 나왔다가 병든 사람, 늙은 사람, 죽은 사람, 고행하는 사람의 모습을 본 뒤로 인생과 고통에 대해서 고민하게 된다. 그러다가 "삶은 고통이다"라는 진리를 통찰하게 되고, 고통의 원인은 인간이 비본질적인 세상에 애욕과 집착을 갖기 때문이라고 말하며 이 윤회의 고리에서 벗어나는 해탈의 길을 제시했다.

그런데 붓다는 자신을 따르는 제자들에게도 이렇게 가르쳤다. "나도 믿지 말고 너희 자신도 믿지 말고 신도 믿지 말라." 그는 신도 인간이 만들어낸 비본질이라고 보았다. 예수님이 부처님을 만났다면 절 앞에 데려가서 이런 가상의 대화를 했을 것이라는 글이 있다. "보시죠. 당신은 신을 믿지 말라고 했는데 저들은 당신을 신상으로 세워 놓고 숭배하고 있소이다." 그러자 부처님이 말한다. "아, 내가 결코 하지 말라고 한 것을 저들이 하고 있소이다."[10]

그러므로 오늘날 대승불교, 즉 대중적 불교에서 부처상을 세워 놓고 108배를 하며 숭배하는 것은 원래 부처의 가르침이 아니다. 부처의 가르침을 충실하게 잇는 이들은 소승불교, 즉 개인적인 수행을 하며 정진하는 이들이다. 이들은 고행과 수행을 통해서 자기 한계를 뛰어넘는 해탈의 경지에 이르려고 한다.

그러나 이러한 불교는 무엇이 오답인지는 알려 주었지만 무엇이 정답인지는 알려 주지 않았다. 마치 영작문을 할 때 "Not A but B(A가 아니라 B다)"라는 구문에서 A가 아닌 것은 알려 주었는데 B가 무엇인지는 알려 주지 않는 것과 같다. 그래서 철학에서는 불교철학을 회피론이라고 부른다. 보이는 세계가 본질이 아님을 알려 주었지만 그러면 무엇이 본질인지는 알려 주지 않았기 때문이다.

이런 일화가 있다. 부처가 깨달음을 얻고 나서 여러 곳을 다니고 있었는데 바라문 도나라는 사람이 부처에게 찾아와 질문했다. "당신은 신인가요, 인간인가요?" 그러자 부처는 잠시 미소를 짓더니 대답했다. "나는 신도 아니고 인간도 아니다." "그러면 당신의 본질은 무엇입니까?" "나는 집착에서 벗어난 자이며 윤회의 굴레에서 자유로워진 자다. 나는 모든 욕망을 버리고 마음의 평안을 찾아 더 이상 속박되지 않는다. 나의 본질은 이 깨달음 그 자체다."[11]

그렇다. 불교는 무엇이 아닌지를 말해 준다. 그러나 무엇을 추구할 것인지를 말해 주지는 않는다. 그래서 불교에도 부분적인 진리가 있다. 보이는 세계가 전부가 아니며 이 세계는 결국에 사라질 비본질적인 세계라는 것이다. "하늘의 만상이 사라지고 하늘들이 두루마리같이 말리되 그 만상의 쇠잔함이 포도나무 잎이 마름 같고 무화과나무 잎이 마름 같으리라"(이사야 34:4). "천지는 없어질지언정 내 말은 없어지지 아니하리라"(마태복음 24:35).

다만 성경은 우리가 진정으로 바라볼 세계가 하나님 나라라는 것을 말해 준다. 우리는 먹는 것, 자는 것, 입는 것을 구하기 전에 먼저 하나님의 나라와 의를 구해야 한다. 이것이 존재의 본질이기 때문이다. 우리는 땅에 살지만 하늘을 바라며 살고 하늘에 속한 자로 살아야 한다. 이것이 우리의 궁극적인 지향점이기 때문이다.

힌두교의 범신론은 무엇인가?

둘째, 힌두교Hinduism는 범신론pantheism이다. 범사에 모든 것을 신으로 믿는 신앙이다. 그래서 종교학에서는 힌두교를 샤머니즘이 고등종교화된 경우라고 말한다. 힌두교는 범아일체凡我一體 사상을 갖고 있다. '범凡'은 우주의 궁극적 실재인 브라흐만이고 '아我'는 숨 쉬는 생명으로서 개체인 아트만인데, 결국 범아凡我가 연결되어 있고 동일하다는 사상이다.

힌두교의 경전「우파니샤드」에 보면, 어린 소년 나치케타와 죽음의 신 야마의 대화가 나온다. 나치케타는 "죽음의 신"에게 바쳐졌는데 야마가 환영하지 않자 3일 밤낮으로 정성껏 그를 기다린다. 결국 야마가 감동하여 그의 소원을 들어주기로 한다. 나치케타는 아트만과 브라흐만에 대한 지혜를 배우고 싶다고 요청했고, 야마는 그에게 아트만은 태어나지도 죽지도 않는 영원한 존재이며, 브라흐만은 모든 것의 근원이라고 가르친다. 그러면서 삶과 죽음의 이분법을 뛰어넘어 진정한 깨달음에 이르기를 요청한다.

사실 힌두교의 교리들은 알다가도 모를 듯하고 모르다가도 알 듯한 이야기들이다. 왜냐하면 힌두교는 특정한 종교 창시자가 존재하는 것이 아니라, 인도 각 지역의 신화들이 연합되어 하나의 거대 종교로 승화된 경우이기 때문이다. 그러나 명확한 것은 이들이 갖고 있는 범아일체 사상이다. 이것을 쉽게 이해하자면 이런 것이다. "물방울을 바다에 떨어뜨리면, 물방울이 곧 바다요 바다가 곧 물방울이니라." 물방울이라는 '아'와 바다라는 '범'이 하나라는 뜻이다.

그래서 힌두교는 세상에 존재하는 모든 것을 신으로 숭배한다. 소도 신이고 원숭이도 신이고 나무도 신이고 돌도 신이고 부처도 신이고 예수도 신이고 사람도 신이고, 모든 것에서 신성을 찾는 매우 종교성이 강한 신앙이다. 그런데 이것은 한국의 샤머니즘과 다를 바가 없다. 산에 가면 산신령이 있고 바다에 가면 용왕님이 있고 우물에는 우물신이 있고 부엌에는 부엌신이 있고, 만신을 섬겼다. 이처럼 만신전pantheon, 판테온의 만신을 섬기는 것은 우리나라나 인도나 그리스로마나 다를 것이 하나도 없었다.

그러나 이런 힌두교와 샤머니즘에도 부분적인 진리가 있다. 만물이 신의 창조물이기 때문에 모든 피조 만물에 신의 기운이 서려 있다는 것이다. 작품을 보면 작가가 느껴지고, 자녀를 보면 부모가 상상이 되고, 피조계를 보면 창조주의 숨결이 느껴지는 것처럼 말이다.

그러나 안타까운 것은 힌두교는 논리적 비약으로 갔다

는 점이다. 마치 누군가가 내 아들을 보면서 "너는 이상준의 유전자를 그대로 이어받았구나. 그러니 네가 이상준이다!"라고 말하는 것과 같다. 작품을 작가라고 말할 수 없다. 자녀를 부모라고 말할 수 없다. 피조물을 창조주의 자리에 올려놓을 수 없다. 이것은 성경에서 하나님이 가장 혐오하시는 우상숭배에 해당한다. 이것은 존재의 위계질서를 파괴하는 것이며 거꾸로 뒤집어놓는 일이기 때문이다.

그러므로 우리는 물질계에서 신 존재 자체를 거부하는 극단적 무신론에 빠지지도 말아야 하겠지만, 물질계의 모든 것을 신성시하고 우상숭배하는 극단적인 범신론에 빠지지도 말아야 한다. 우리는 이 모든 것 가운데 만물의 창조주요, 만민의 구주요, 역사의 완성자이신 하나님께로 나아가야 한다.

이슬람교의 알라는 기독교의 하나님인가?

셋째, 이슬람교는 비인격적인 유일신론 impersonal monotheism이다. 사실 유일신을 믿는다는 측면에서 이슬람교는 기독교와 가장 유사하거나 일치하는 종교로 여겨질 때가 많다. 기독교에서는 유일신 하나님을 믿고 이슬람교에서는 유일신 알라를 믿기 때문이다. 그러므로 기독교의 하나님을 무슬림들은 알라라고 부르는 것뿐이라고 여기는 이들이 있다.

과연 그런가? 사실 AD 7세기 무함마드 Muhammad는 정치적인 이유로 새로운 종교를 창시하기에 이른다. 흩어져 있는 아랍의 형제들이 끊임없이 싸우는 이유가 서로 다른 신을 믿기 때문이라고 여겼기 때문이다. 그때 그의 주변에는 디아스포라 유대인 친구들이 많았는데 그들에게서 유일신 하나님에 대한 신앙을 차용하기에 이른다.

무함마드는 원래 메카에서 태어난 정직한 상인이었다. 그는 아랍 세계의 사회적 부조리와 우상숭배에 대해 깊이 고민하다가 이를 해결하기 위해 동굴에 들어가 명상과 기도에 힘썼다. 그러던 어느 날 천사 가브리엘의 부르심을 받고 신의 말씀을 읽으라는 사명을 받아 궁극적인 예언자로서 이슬람 신앙을 전파하는 일을 시작했다고 한다.[12]

한글로 번역된 「꾸란Qur'an」을 읽어 보면 성경책과 70-80%가 동일하다. 구약 성경은 BC 5세기에 종료되었고 신약 성경은 AD 1세기에 종료되었는데, 꾸란은 AD 7세기에 기록되었으니 어느 책이 어느 책을 복사한 것인지는 자명하다. 물론 무함마드가 알라만을 믿는 유일신 사상을 전파함으로 흩어져 있던 아랍의 형제들을 하나로 규합한 것은 놀라운 정치적 성과였다. 하지만 안타까운 것은 그가 성경의 근본 정신은 알지 못했고 하나님을 인격적으로 알지 못했다는 점이다.

그래서 꾸란을 보면 아브라함이 알라로부터 시험을 받았는데 그의 사랑하는 아들 이스마엘을 희생제물로 바치라는 명령을 받았다고 나온다. 이것은 구약 성경 창세기 22장에 분명하게 이삭이라고 기록된 것을 바꾼 것이다. 왜였을까? 아브라함의 아내 사라에게서 얻은 적자嫡子 이삭의 후손이 이스라엘인들인 반면에, 아브라함의 후처 하갈에게서 얻은 서자庶子 이스마엘의 후손이 아랍인들이기 때문이었다.

오늘날 중동 땅의 전쟁은 이삭과 이스마엘, 적자와 서자 간의 싸움이라고 보아야 한다. 무함마드 입장에서는 아브라함이 그들의 아버지 아닌가! 그러므로 성경의 역사는 자신들의 역사였다. 그러나 그는 자신의 민족을 규합하기 위해 성경 내용을 위조하기도 했고, 중간중간에 자신들의 관습법을 절대적 규범으로 삽입시키기도 했다.

더 나아가 가장 심각한 문제는 절대자 하나님에 대해서 잘못된 관념을 갖게 만들었다. 성경은 하나님에 대해 방탕한 자도 돌아오기를 기다리시는 아버지라고 말하지만, 꾸란에 의하면 방탕한 자에게는 심판이 있을 따름이다. "한 손에는 칼, 한 손에는 꾸란을"이라는 말은 꾸란 제9장 3절과 5절을 요약한 것이다. 절대자 알라에게 복종하지 않는 자에게는 죽음의 심판이 임한다. 이것을 종교학에서는 군주신론monarchism이라고 부른다. 절 입구에 들어갈 때 양쪽 문에 있는 칼을 차고 무섭게 노려보는 군신들과 같은 것이다.

오늘날에도 무슬림 사회에서는 꾸란이 곧 신앙이고 법이고 모든 것이다. 죄를 지은 자에게는 오직 형벌만 있다. 도둑질을 하면 손을 잘라 버리고 성범죄를 저지르면 사형에 처한다. 이들에게 종교심은 사랑에서 비롯되는 것이 아니라 두려움에서 기인하는 것이다. 그런데도 실제로 물밑에서는 훨씬 더 심각한 성범죄와 다양한 중범죄들이 자행되고 있는 것이 무슬림 사회다. 왜인가? 율법은 사람을 변화시킬 수 없기 때문이다. 오직 은혜만이 인간을 근본적으로 용서하고 치유하고 변화시킬 수 있다.

게다가 무함마드는 아브라함이나 예수보다도 진일보하여 신의 계시를 전달한 궁극적인 예언자이자 구원자로 소개된다. 하지만 과연 그가 그런 절대적 위치에 오를 수 있는가? 이슬람법인 샤리아의 4대 경전 중 하나인 「하디스」를 보면, 무함마드는 가브리엘 천사의 안내를 받아 미라지$^{Mi'raj}$라고 불리는 천상 여행을 하며 여러 예언자를 만나고 알라를 알현하여 명령을 받았다고 한다.

그러나 성경은 무엇이라고 증언하는가? 예수님은 아예 그 천상에서 영원히 거주하다가 오신 분이며, 우리의 유일한 구원자라고 소개한다. 무함마드가 천국의 방문자였다면 예수님은 천국의 주인이시다. 누가 궁극적인 예언자요 완전한 구원자이시겠는가?

이슬람교는 유일신 사상을 전했다는 점에서 부분적 진리를 갖고 있다. 하지만 죄인들이 회개하고 돌아오기를 밤낮으로 기다리시는 사랑의 하나님을 왜곡해서 불복할 시에는 철퇴를 휘두르는 끔찍한 군주신으로 전락시킨 것은 참으로 가슴 아픈 일이 아닐 수 없다.

모든 종교에 구원이 있는가?

넷째, 기독교는 인격적인 유일신론$^{personal\ monotheism}$이다. 얼마나 감사한가. 유일하신 전능자 여호와께서 나의 아버지가 되시며, 구원자가 되시며, 이 불완전한 인생의 영원한 완성자가 되신다!

불교 집안에서 태어났으니 불교를 믿고, 무슬림 집안에서 태어났으니 무슬림이 되고, 기독교 집안에서 태어났으니 기독교를 믿었을 뿐이며, 각자의 종교를 신실하게 믿다 보면 궁극적으로 동일한 신과 진리와 구원에 이른다는 생각은 각 종교의 핵심적인 기본 교리를 모르는 초보적인 생각이다.

불교는 무신론이요, 힌두교는 범신론이요, 이슬람교는 비인격적 유일신론이지만 성경의 진리에 기초한 기독교는 인격적 유일신론이다. 결코 같은 하나님이 아니고, 결코 같은 구원자 그리스도가 존재하는 것이 아니며, 결코 같은 진리 체계가 아니다.

캐나다에서 목회하던 때에 캐내디언 교회를 빌려서 한국인 예배를 드린 적이 있다. 캐내디언 연합교회 담임목사님은 내게 이렇게 물었다. "우리 연합교회는 매번 지도자들이 모여 대책을 강구하는데도 젊은이들이 다 떠나고 이제 노인들밖에 남지 않았는데 어떻게 당신들 한국인 교회는 이렇게 부흥하는가?" 그럴 수밖에 없었다. 그들은 모든 종교에 구원이 있고 그리스도가 있다는 종교다원주의를 가르치고 있었다. 그러니 "오직 예수"라는 기독교만의 순수한 복음 콘텐츠를 변질시키고 어떻게 부흥될 수가 있겠는가.

기독교는 너무 배타적이지 않은가?

종교 대통합을 말하는 타종교들은 포용적^{inclusive}인데 기독교만 배타적^{exclusive}인 것일까? 결코 그렇지 않다. 모든 종교에 부분적 진리가 담겨 있지만, 우리를 하나님 아버지께로 인도하는 유일한 구원의 길은 오직 성경 진리의 핵심인 예수 그리스도의 십자가 복음에 담겨 있는 것이다.

어떤 이들은 내게 질문한다. "기독교는 너무 배타적인 것 아닌가?" 그러면 전에는 아니라고 답했지만 이제는 "맞다"라고 답한다. 그렇다. 기독교는 배타적이다. 그러나 배타적인 것이 꼭 나쁜 것만은 아니다.

학교에서 친구들을 따돌리는 배타성은 나쁜 배타성이다. 하지만 부부간의 정조를 지키기 위한 배타성은 좋은 배타성이다. 또한 다른 아저씨들에게는 아버지라고 부를 수 없고 생부^{生父}에게만 아버지라고 부르겠다고 하는 배타성은 옳은 배타성이다. 그러므로 이런 배타성은 순전함을 위한 것이지 차별을 위한 것이 아니다.

성경은 하나님을 질투하시는 하나님이라고 표현한다. 만약에 하나님이 유일한 전능자이시고 구원자이시면서도, 나는 포용적인 신이니까 아무 신이나 믿어도 된다고 하신다면 우리에게 얼마나 비참한 결과가 되겠는가! 그러나 나를 사랑하사 나를 결코 포기할 수 없으신 하나님은 나를 다른 신에게 내어줄 수 없다고 하시며, 내가 다른 신을 아버지라고 부르고 섬기는 것을 용납할 수 없다고 말씀하시는 것이다.

그러면 타종교인을 향한 관용tolerance과 대화dialogue는 전혀 없는 것인가? 결코 그렇지 않다. 그들은 모두 존귀한 하나님의 형상이다. 하나님은 그들이 무신론에 빠져서 하나님과 멀어지거나, 범신론에 빠져서 하나님의 선물을 하나님으로 오해하고 살거나, 비인격적 신앙에 빠져서 두려움의 노예가 되어 살지 않기를 바라신다. 하나님은 이들 모두를 사랑하신다. 하나님은 이들 모두가 좋으신 아버지께로 돌아오기를 원하신다.

"영생은 곧 유일하신 참 하나님과 그가 보내신 자 예수 그리스도를 아는 것이니이다"_요한복음 17:3

신데렐라 스토리가 아닌가!

인간의 이성으로는 신의 존재를 다 이해할 수 없다. 인간의 과학으로도 신의 존재를 다 실증할 수 없다. 인간의 심성으로도 신의 존재를 다 감지할 수 없다. 인간이 먼저 신에게 다가가는 것이 아니라 신이 먼저 인간에게 다가오는 것이 맞다. 이것이 차원의 법칙이다. 고차원은 저차원이 자기 차원 안에 속해 있기 때문에 언제든지 저차원에 접속할 수 있다. 하지만 저차원은 그것이 자기 세계의 한계이기 때문에 마음대로 고차원에 진입할 수 없다.

그래서 성경은 영원의 세계에 계신 그분이 시공간의 3차원 세계로 먼저 다가오신다고 말한다. "태초에 하나님이 천지를 창조하시니라"(창세기 1:1). 성부 하나님이 영원의 세계에 계시다가 시공간 세계를 만드시고 이 3차원의 세계에 오셔서 우리를 창조하시고 만나 주셨다.

"말씀이 육신이 되어 우리 가운데 거하시매"(요한복음 1:14). 성자 예수님이 영원한 천상의 보좌를 버리고 이 죄악의 땅에 오셔서 우리의 구원자가 되어 주셨다. 그리고 예수님을 믿고 하나님의 자녀 된 사람들에게 성령님이 강림하심으로 이제 하나님의 자녀들은 거룩한 하나님의 영으로 충만하게 되어 구원의 완성을 경험할 수 있게 되었다(사도행전 2장).

이 얼마나 놀라운 일인가! 이제 우리는 초월자이신 하나님을 만날 수도 있고, 경험할 수도 있고, 대화할 수도 있고, 교제할 수도 있게 되었다. 그리고 그분이 우리에게 다가오시어 그분의 나라(천국)로 데려가신다고 하니 이것이야말로 온 우주에서 가장 감동적인 신데렐라 스토리Cinderella story가 아닌가!

이것이 하나님의 사랑의 눈높이다. 눈높이가 무엇인가? 키가 작은 사람이 큰 사람에게 맞추는 것이 아니라 키가 큰

사람이 작은 사람에게 맞추는 것이다. 우리와는 다른 고차원에 계신 그분이 우리의 차원으로 다가오신 것이다. 유치원생이 노벨 물리학자의 학문 세계가 이해되지 않는다고 "말도 안 되는 얘기예요!"라고 말할 수 없는 법이다. 그러나 하나님은 우리가 다 헤아릴 수 없는 그분의 세계와 진리와 사랑을 우리 눈높이에 맞춰서 알려 주시고 고백해 주시고 표현해 주신다.

하나님이 내 영혼의 아버지시라면?

자식이 평생 자신을 키워 준 아버지를 등지고 나가서 아무리 성공한다 한들, 아무리 만인에게 존경을 받는다 한들, 그가 아버지에게 돌아오지 않는 한 어찌 그의 인생이 온전하게 완성되었다고 할 수 있겠는가. 아무리 자식이 집을 나가면서 "이제 내게 아버지는 없어!"라고 외친다 한들 어찌 정말 아버지가 사라질 수 있겠는가.

성경은 우리에게 돌아오라고 말하고 있다. 아버지께로 돌아오라는 것이다. 나를 낳아 주시고 키워 주신 육신의 아버지가 계신 것처럼, 내 영혼을 조성하시고 이 세상에 보내시고 보이지 않게 나를 키워 주신 내 영혼의 아버지가 계신다. 이제는 그분을 만나야 한다.

지금까지 하나님이라는 존재 자체를 알지 못했던 사람일지라도 이제는 하나님 아버지께로 돌아와야 한다. 지금까지 하나님을 무섭고 두려운 분인 줄로만 알고 멀어졌던 가

나안 성도들도 이제는 하나님 아버지께로 돌아와야 한다. 하나님이 계신 것을 어렴풋이 알면서도 세상의 자랑과 화려함이 좋아서 영적으로 길을 잃은 자녀들도 이제는 하나님 아버지께로 돌아와야 한다.

하나님은 자녀가 아무리 멀어져 있었어도 언제든 돌아오면 대문 밖으로 달려 나와 껴안고 기쁘게 맞이해 주시는 분이다. "이 내 아들은 죽었다가 다시 살아났으며 내가 잃었다가 다시 얻었노라 하니 그들이 즐거워하더라"(누가복음 15:24). 주저하지 말라. 그동안 인본주의를 신뢰했든 무신론을 따랐든 다 상관없다. 당신을 정말 사랑하셔서 당신을 구원하시고 평생토록 인도하시며 영원까지 맞이해 주실 분은 오직 하나님 한 분이시기 때문이다.

2장

왜 인간인가?

창조인가 진화인가?

오늘날 과학적 접근방법은 절대적으로 진화론을 지지하고 있다. 하지만 진화론은 이미 1장에서 다룬 것처럼 사실fact이나 진리truth가 아니라 하나의 이론theory이다. 그렇다면 대다수의 과학자가 절대적으로 지지하고 있는 진화론이 모든 학문의 근간이 되어 있는 시대에 우리는 진화론을 어떻게 바라보아야 하겠는가?

진화론과 창조론에 대해서 한 천체물리학 전공자와 대화한 적이 있다. 그는 이 문제 때문에 교회를 떠나게 되었다고 했다. 참으로 안타까운 일이었다. 그는 진화론이 절대적으로 맞다고 주장했던 것이 아니라, 무엇이 참으로 맞는지 알고 싶어서 교회 선배들에게 질문을 했을 뿐인데, 너는 믿음이 부족하다며 꾸중을 받았던 것이다.

오늘날 교회는 두 방향으로 갈라지고 있다. 한쪽에서는 보수적인 교회들이 무조건 창조를 믿어야 한다고 가르치며 이에 대해서 질문하는 것 자체를 신앙 없음으로 치부하고 있고, 다른 쪽에서는 신앙과 과학의 조화를 위해 성경의 진리를 수정해 가면서까지 진화론(유신진화론)을 수용하려는 교회들이 늘어나고 있다.

그 전공자와 대화하며 진화론이 갖고 있는 치명적인 문제점들에 대해 몇 가지를 언급하자, 그는 진화론 진영에서도 이런 문제점들이 난제라는 사실을 인정했다.

몇 가지를 생각해 보자. 첫째, 모든 것을 실제로 검증해 보아야 한다는 실증주의적 관점에서 볼 때 진화론은 하나의 가설이며 이론에 불과하다. 완전하게 태초의 상태로 돌아가도록 상황을 만들어서 동일한 현상이 일어나는지 실험하거나 관찰할 길이 없기 때문이다. 그러므로 인류의 시작이나 생명의 시작이나 지구의 시작을 진화론으로 설명할 길이 없다.

생물학은 진화론을 입증했는가?

둘째, 그간 진화에 대한 논의는 생물학^{biology}에서 많이 다루어졌다. 생물학에서는 종에서 종으로의 변화가 일어나려면, 이것은 엄청난 변화이기 때문에 지구의 나이를 45억 년으로 추산하고 있다. 그렇다면 중간단계 화석이 무수히 많아야 하는 것이 정상임에도 불구하고 중간단계 화석은 정말 가뭄에

콩 나듯이 나오고 있다. 그러니 오히려 날개에 다리가 달린 시조새가 중간단계 화석이라고 주장하는 것보다 박쥐처럼 그런 종류의 새들도 하나님이 창조하신 것이라고 주장하는 것이 오히려 더 합리적인 설로 보이는 상황이다.

진화론자들이 생물학 영역에서 주장해 온 종간의 진화, 즉 대진화macro-evolution의 증거는 찾기가 하늘의 별 따기이기 때문에, 그동안 소진화micro-evolution의 증거들을 갖고 침소봉대한 것일 가능성이 크다.

19세기 영국의 생물학자였던 찰스 다윈Charles Darwin은 「종의 기원」을 통해 1835년 갈라파고스 제도에서 핀치 새를 관찰하다가 각 섬에 서식하는 핀치 새들의 부리 모양이 섬의 환경과 식량 자원에 따라 다르다는 점을 발견했다고 밝혔다.

그는 이렇게 변이와 적응과 선택의 과정을 거치는 핀치 새들의 생존 양상을 보면서 생물들이 생존 경쟁을 통해 진화한다는 "자연선택natural selection" 이론을 내놓았다. 이것이 생물의 다양성이 창조 행위의 결과가 아니라 자연적 진화의 결과임을 주장한 진화론의 출발점이었다. 그러나 보라. 핀치 새의 변이 현상은 종 안에서의 변이 현상, 즉 소진화에 해당하는 것이지 종이 완전히 변하는 대진화에 해당하는 것이 아니다.

21세기의 대표적인 기독교 변증가인 윌리엄 크레이그William Lane Craig는 그의 책 「시간과 영원」에서 진화론에는 "관찰 가능한 과학"의 범위를 넘어서는 가정들이 포함되어 있다고 말했다. 예를 들어, 생명의 기원이나 종 사이의 진화 과정은 실험적으로 재현된 적도 없고 완전히 증명된 적도 없으니, 이러한 것을 이론적으로 신뢰하는 것은 믿음에 기초한 해석이 되고 만다. 그러므로 "진화론은 과학이고 창조론은 믿음이다"라는 주장은 어불성설이다. 진화론이야말로 여러 증명되지 않는 부분들을 너무나 굳건하게 믿고 있기 때문이다.

우주론은 진화론을 증명했는가?

셋째, 오늘날 진화론에 대한 담론은 생물학에서 우주론 cosmology 으로 이동했다. 그런데 우주가 빅뱅을 통해서 시작되었고 오늘의 우주까지 변화해 왔다고 보는 이론이 과연 맞는 것인가? 빅뱅 이론 big bang theory 대로라면, 모든 질량이 무한 밀도로 한 곳에 압축되어 있어서 부피는 0이고 밀도는 무한대인 지점, 소위 특이점 singularity point 이 존재해야 하는데 이것이 빅뱅 이론의 치명적인 약점이다.

우주가 시작되던 최초의 시점에 모든 압력과 기온과 습도가 특정한 상태로 존재하여 이 우주가 생성되고 생물체가 존재하게 될 확률은 10의 60자승분의 1이다. 그것은 포커 게임을 할 때 로얄 스트레이트 플러시(0.000154%의 확률을 가진 패)가 12번 연속 나올 확률이다. 이것은 확률상 제로다.[13]

넷째, 그래서 요즘은 다중 우주론 multi-universes 까지 등장했다. 물론 다중 우주론에 대해서는 일반 과학자들도 과학의 영역을 넘어선다고 말한다. 그러면서도 이런 주장을 하는 것은 우주가 생명체에 적합하게 미세 조정되어 있다는 사실을 부정할 수 없고, 그럴 수 있으려면 누군가가 이 설정을 만들었다고밖에 볼 수 없기 때문이다.

그래서 우리가 속해 있는 우주를 만들어낸 또 다른 우주가 있을 것이라는 다중 우주론을 주장하기에 이르렀다. 또 다른 우주에 초지성적 존재 super-intelligent being가 있어서 이 우주를 만들어냈을 가능성에 대한 이론이다. 그러자 기독교인들은 반문하게 된다. 그것이 성경을 통해 우리가 말해 온 것이 아닌가! 초지성적인 하나님께서 온 우주만물을 설계하시고 창조하셨다고 말해 오지 않았는가.

정밀한 자연과 질서 있는 우주는 신 존재를 반증하지 않는가?

다섯째, 진화론자들이 갖고 있는 세계관을 보면 범주 오류에 빠져 있는 경우가 많다. 영국의 대표적인 무신론자 리처드 도킨스는 정밀한 자연을 설명하는 데 있어서 유신론은 불필요하다고 주장한다. "정원 아래에 요정들이 있다고 믿지 않더라도 정원이 아름답다는 것을 알아보는 것으로 충분하지 않은가?"[14] 멋진 말 같지만 틀린 말이다. 왜냐하면 창조론자들은 아름다운 정원을 요정들이 만들었다는 것이 아니라 정원사가 만들었다고 주장하는 것이기 때문이다.

옥스퍼드 대학의 수학 명예교수이자 BBC에서 리처드 도킨스와 공개토론을 했던 존 레녹스John Lennox는 이것을 "범주 오류"라고 설명한다.[15] 과학은 신 존재를 부정하는 도구가 아니라 오히려 신의 지혜를 찬양하게 만드는 도구이기 때문이다. 그리고 정밀성과 규칙성을 가진 자연과 세상이 잘 돌아간다고 입법자의 존재를 부정하게 되는 것이 아니라 오히려 이렇게 놀라운 세상을 만든 이가 없다면 불가능하다는 생각을 하는 것이 더 맞는 것이기 때문이다.

아마존 원주민이 어느 날 문명 세계에 와서 컴퓨터를 본다면, 그 속에 귀신이 있어서 놀라운 작동을 하게 만든다고 생각할 수 있다. 그것은 당연히 미신이다. 그러나 그렇다고 해서 컴퓨터를 만든 이도 없고 설계한 이도 없다고 주장하겠는가? 이렇게 놀라운 컴퓨터가 있다는 것은 그것을 만든 이가 매우 탁월한 지성의 소유자라고 생각하는 것이 더 합리적이지 않겠는가.

진화론은 인류 사회에 어떤 사상적 영향을 미치는가?

여섯째, 진화론적 관점으로 세상과 인간을 바라보면 우울하고 비참하기 그지없다. 진화론은 세상도 인간도 진화의 과정을 통해서 우연히 존재하게 된 것이라고 주장한다. 그래서 인간은 물질 덩어리에 불과하다고 본다. 리처드 도킨스는 「이기적 유전자」에서 인간은 그저 "DNA에 맞춰 춤을 추는 것"일 뿐이라고 말한다. 가령 다급한 순간에 어른이 아이를 위해서 자기 몸을 던져 아이를 살리고 자신을 희생하는 것은 종족 보존의 욕구라고 말한다. 인간 안에 도덕성이나 영혼이 있어서가 아니라 그저 물질의 화학적 작용의 결과라는 것이다.

한 기독교 변증가가 영국의 옥스퍼드에 강연을 하러 갔을 때 어떤 회의론자 그룹의 학생들이 찾아왔다. 변증가는 그들에게 이런 질문을 했다. "여기 탁자 위에 아기를 올려놓고 조각을 낸다면 옳은 일인가, 그른 일인가?" 그러자 그 그룹의 대표 학생이 대답했다. "그것은 옳다거나 그르다고 말할 수는 없지만 유쾌한 일은 아니죠."[16]

이와 같이 극단적 무신론에 근거한 진화론자들은 오늘날 선과 악, 옳다 그르다의 절대적 개념 자체를 붕괴시켜 버렸다. 따라서 인간에게는 윤리도덕도 없고, 의미 있게 살아야 할 이유나 존재의 목적도 사라지게 된다. 그러나 하나님은 그렇게 말씀하지 않으신다. 하나님은 분명한 목적과 의도를 갖고 우리를 창조하셨고, 세상에 그 누구도 목적 없이 우연히 태어난 사람은 없다고 말씀하신다.

창조론	진화론
목적(의도)	우연
7일	오랜 세월
절대주의	상대주의
정신세계(영혼)	물질세계(육체)

코넬 대학의 저명한 진화생물학자이자 역사학자인 윌리엄 프로바인William Provine은 만약 다윈주의Darwinism가 옳다면 피할 수 없는 5가지 결론에 도달한다고 말했다. 첫째, 신이 존재하는 증거는 없다. 둘째, 사후 생명은 없다. 셋째, 윤리의 절대적 토대는 없다. 넷째, 삶의 궁극적인 의미는 없다. 다섯째, 인간에게 진정한 자유의지란 없다.[17]

인간은 그저 고성능으로 작동하는 고깃덩어리에 불과하고 언젠가 방전되면 버려지는 건전지와 같은 존재가 된다. 이런 유물론적 가치관을 가지면 현세주의와 쾌락주의와 물질주의와 허무주의에서 벗어날 수 없다. 어차피 한 세상이니 최대한 많이 누려 보고 최대한 즐기다가 가는 것이 전부인 인생이 된다. 하지만 이런 인생은 이내 허무감을 느낄 수밖에 없다.

그러나 성경은 영이신 하나님이 인간에게 영혼을 주셨으며, 인간은 동물들과는 다른 존귀한 존재로 창조되었다고 말한다. 인간은 육체 덩어리가 아니라 영혼을 가진 하나님의 형상이다. 과학이 유일한 진리의 기준이라고 할 수 없는 이유는 초월적 세계에 대한 그 어떤 지식과 정보도 제공할 수 없기 때문이다. 하나님은 물질계 너머에 계신 초월적 존재로서 우리에게 성경이라는 통로를 통해 그분의 세계에 대하여 계시해 주신다.

그러므로 우리는 자연이라는 창조의 동산에서 과학을 통해 하나님의 질서를 배우고, 성경이라는 진리의 동산에서 계시를 통해 하나님의 진리를 배워야 한다. 무신론자들이 성경과 과학을 분리하는 것은 결코 성경적이지 않다. 우리는 성경도 하나님의 계시이며 과학도 하나님의 도구라고 본다. 우리는 성경의 진리를 통해서도, 과학의 발견들을 통해서도 하나님께 영광을 돌려야 한다.

과학 시대에 성경을 어떻게 볼 것인가?

우리는 신앙과 과학에 대해 통합적 관점을 가져야 한다. 그렇다고 유신진화론 같은 타협적 관점을 가지라는 말이 아니다. 하나님의 질서정연한 창조 덕분에 과학이 시작될 수 있었으니 우리는 과학과 신앙 모두를 아우르시는 하나님을 바라보아야 한다. 그리고 과학적 관점으로 성경을 본다면서 성경의 기적적 사건들을 신화적으로 해석하려는 우를 범해서는 안 된다.

성경의 기적들은 비현실적인unreal 것이 아니라 초현실적인surreal 것이요, 비자연적인nonnatural 것이 아니라 초자연적인supernatural 것이요, 비합리적인irrational 것이 아니라 초합리적인suprarational 것이다. 성경의 기적들은 3차원에서 일어났지만 초월적 존재의 개입을 통해서 일어난 사건들이다. 3차원의 세계를 넘어서는 것은 부정하겠다고 한다면 결국 우리 자신이 낮은 차원의 존재라는 것을 자인하는 것밖에 안 된다.

오늘날 무신론 진영에서는 창조과학을 유사과학(가짜 과학)이라고 폄하하지만, 창조과학이 성경의 창조와 기적적 사건들을 다 과학적으로 증명할 수 있다고 주장하는 것이 아님을 알아야 한다. 하나님의 창조 안에 담겨 있는 자연의 규칙성과 보편성 가운데 과학적으로 뒷받침할 수 있는 부분들이 있다는 점을 제시하려는 것이다.

오히려 각 분야 최고의 과학자들이 언급하는 반성경적 주장들이 너무 비과학적으로 보일 때가 있다. 가령, 홍해를 하나님께서 가르셔서 60만 명의 히브리인들이 건넜다는 출애굽의 기적을 비과학적이라고 보면서 이런 주장을 한다. 홍해(히브리어, 얌 숩)는 숩이라는 단어의 뜻을 따라 "붉은 바다Red Sea"로도 해석이 되고 "갈대 바다reed sea"로도 해석이 된다. 그래서 이들은 히브리인들이 깊은 바다를 건넌 것이 아니라 갈대로 가득한 낮은 물가를 건넜는데, 성경이 이것을 기적적 사건으로 부풀렸다고 해석한다.

이런 설명을 듣고 성경의 진실성에 대해 의심하면서 신앙을 떠나는 젊은이들이 많다. 그러나 조금만 더 합리적으로 생각해 보라. 물론 여전히 홍해 도해渡海 사건에 관한 고고학적 증거들을 계속해서 찾고 있는 상황이지만, 멤피스에서 발견된 고대 이집트의 아이퓨어 파피루스Ipuwer Papyrus에는 이집트에 내렸던 10가지 재앙들이 기록되어 있고, 고고학자들은 바로의 전차부대의 잔해를 해저에서 발견했다고 주장하고 있다. 이게 사실이라면 바로와 그의 최정예 전차부대는 접싯물에 코 박고 죽었다는 말인가?

또한 성경은 예수님이 바다에 풍랑이 일 때 두려워 떠는 제자들을 향해 물 위를 걸어서 다가오신 일이 있었다고 기록한다. 그러나 과학자들은 있을 수 없는 일이라며, 예수님이 해변에 계셨는데 달빛에 그림자가 비친 것이라고 설명하기도 하고, 갈릴리 호수 표면에 100년에 한 번 정도 결빙 현상이 일어난다고 설명하기도 한다.

그러나 조금만 더 합리적으로 생각해 보자. 베테랑 어부들이 해변 근처 낮은 물가에서 풍랑이 인다고 두려워 떨었겠는가? 그리고 결빙이 있었다면, 풍랑은 어떻게 일어났으며 제자들은 어떻게 배를 띄웠으며 예수님은 스케이트를 타듯이 얼음 위를 지치고 바다 한가운데까지 가셨다는 말인가?

성경은 "태초에 하나님이 천지를 창조하시니라"(창세기 1:1)라는 선언으로 시작된다. 하나님의 창조를 믿을 수 있다면 성경의 어떠한 기적적 사건들도 다 믿을 수 있다. 초지성적인 설계자가 계셔서 이 세상을 창조하셨다고 보는 것이 합리적인 원인 규명이 아니겠는가.

17세기에 만유인력의 법칙을 발견한 영국의 과학자 아이작 뉴턴Isaac Newton이 어느 날 무신론자인 친구 과학자를 집에 초대했다. 친구가 집에 들어서자 뉴턴이 그에게 말했다. "여보게 친구, 이 지구본이 원래 우리 집에 없었는데 오늘 갑자기 생겼네." 그러자 무신론자 친구가 말했다. "자네 제정신인가? 어떻게 만든 사람이 없이 지구본이 생기는가?" 그러자 뉴턴이 대답했다. "그래, 자네 말이 맞네. 이 지구본 하나도 만든 이^{maker}가 있어야 존재하는데, 자네는 어떻게 이 거대한 지구와 우주가 만드신 이^{Maker}가 없이 존재한다고 생각하는가?"

왜 하나님은 인간을 만드셨는가? (1)

도대체 왜 하나님은 인간이라는 존재를 만드셨는가? 사실 하나님이 영원의 세계에 계셨다면 그냥 그곳에 영원히 계셔도 되지 않았는가? 그런데 하나님은 사람을 만드셨고 그 사람은 범죄했으며 인류는 고통의 역사를 시작하게 되지 않았는가? 게다가 하나님은 전지전능全知全能하신 분이니 인간이 죄를 짓고 역사가 고통에 빠질 것을 알고 계셨으면서도 이 역사를 시작하신 것 아닌가? 도대체 하나님은 왜 역사를 시작하셨고 인간을 만드셨는가?

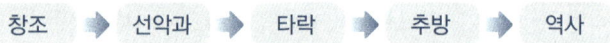

성경은 인간이 우연의 산물이 아니라 창조의 작품이라고 말한다. "주께서 내 내장을 지으시며 나의 모태에서 나를 만드셨나이다 내가 주께 감사하옴은 나를 지으심이 심히 기묘하심이라 주께서 하시는 일이 기이함을 내 영혼이 잘 아나이다"(시편 139:13-14). 이 고백은 인간이 단순히 자연적 결과물이 아니라 하나님의 섬세한 창조 과정의 결과물이라고 말하고 있다.[18]

선악과는 왜 만드셨는가?

하나님께서 인간을 아름다운 하나님의 작품으로 만드셨다면, 왜 선악과를 만드셨는가? 인간이 선악과 때문에 타락할 것을 미리 아셨으면서도 왜 선악과를 만드셨는가? 불신자도 신자도 선악과에 대해서 질문하는 이들이 많다. 선악과에 대해서는 더 깊이 있게 저술할 날이 올 것이라고 예상해 보지만, 여기에서는 선악과에 대해 몇 가지만 생각해 보겠다.

첫째, 선악을 알게 하는 나무a tree of knowledge of good and evil란 "내가 선악을 안다. 내가 선악을 분별한다"는 의미를 가진 나무다. "알게 하다(히브리어, 다아트)"는 "알다, 분별하다"라는 뜻이다. 그러므로 하나님은 인간이 선악을 모르는 존재가 되기를 원하신 것이 아니라, 하나님 한 분만이 무엇이 선이고 무엇이 악인지 결정하시는 분이요, 인간은 선악의 절대적인 기준을 따르는 존재여야 함을 뜻하신 것이다.

그 이유는 하나님은 선악을 뒤바꾸는 것을 용납하실 수 없는 분이기 때문이다. "악을 선하다 하며 선을 악하다 하며 흑암으로 광명을 삼으며 광명으로 흑암을 삼으며 쓴 것으로 단 것을 삼으며 단 것으로 쓴 것을 삼는 자들은 화 있을진저"(이사야 5:20). 하나님 한 분만이 세상이라는 경기장에서 유일한 심판이 되시며, 사람은 그 심판의 결정권을 존중해야 하는 것이다.

생각해 보라. 축구 선수들이 심판 때문에 자유가 없어서 경기를 못 한다고 할 수 있는가? 자신이 심한 태클을 해서

퇴장을 당하는데 심판 탓을 할 수 있는가? 한때 프랑스 축구를 "아트 사커"라고 했다. 그들은 자유자재로 공을 갖고 플레이했다. 어떻게 그럴 수 있었는가? 이유는 단 한 가지! 룰을 지켰기 때문이다. 룰은 선수들의 자유를 빼앗기 위해서가 아니라 선수들의 자유를 보장하기 위해서 있는 것이다.

둘째, 선악과는 동산 중앙에 단 한 그루 서 있었다. 선악과가 에덴동산 곳곳에 지뢰밭처럼 깔려 있어서, 오른쪽으로 가든 왼쪽으로 가든 앞으로 가든 뒤로 가든 피할 수 없어 어쩔 수 없이 선악과를 따먹은 것이 아니었다. 그 아름답고 넓은 동산에 단 한 그루 있는 선악과를 따먹은 것은 인간이 의도적으로 잘못한 일이었다. 만일 어느 아파트 단지 배전함이 있는 곳에 펜스를 쳐 놓고 "위험! 고압전류 흐름! 절대 들어가지 마시오!"라고 경고문을 써 붙였는데, 누군가가 들어가서 사고가 났다면 누구의 잘못이겠는가?

인간은 좀 더 책임 있는 태도를 보일 필요가 있다. 하나님께서 이 아름다운 세상을 만드시고 사람에게 단 한 가지 룰만 주셨다는 것이 오히려 놀랍지 않은가. 그 한 가지만 지키면 나머지는 모두 자유였다. 그 한 가지는 하나님의 주권을 인정하라는 것이었다. 그 외에는 모두 자유를 주셨으니, 선악과는 하나님의 악의惡意가 아니라 선의善意의 상징물임을 인정해야 한다.

셋째, 선악과가 없었으면 죄도 짓지 않았을 것이라고 말하는 것은 단순논리다. 만약 법이 없다면 법 없이도 살 수 있는 세상이 될까, 아니면 무법천지가 될까? 저 사거리 도로에 교통법규도 없고 제한속도도 없고 신호등도 없다면 모든 차가 자유롭고 편안하게 다닐까, 아니면 한순간에 사고가 동시다발로 일어나며 아수라장이 될까?

왜 자유의지를 주셨는가?

넷째, 하나님이 인간에게 자유의지를 주신 것이 잘못이었을까? 인간을 장난감이나 로봇 정도로 만드는 것이 나았을까? 하지만 만약 그렇다면 하나님은 사람을 창조하지 않으셨을 것이다. 하나님은 친밀한 사랑의 교제를 나누기 원해서 우리를 창조하신 것이지, 소일거리 정도로 갖고 놀려고 만드신 것이 아니기 때문이다.

다섯째, 하나님이 뱀을 만들지 않으셨다면 인간이 유혹을 받아 타락하는 일이 없었을까? 뱀은 하나님의 피조물이었을 뿐이고, 뱀을 이용한 사탄이 사람을 유혹한 장본인이다. 그렇다면 사탄은 어떻게 존재하기 시작했는가? 하나님 외에는 영원한 자존자(自存者)가 없지 않은가? 사탄은 성경적으로 볼 때 하나님을 섬기던 천사가 하나님의 보좌를 찬탈하려다가 천상에서 쫓겨나게 된 타락 천사다.

여기에서 충격적인 한 가지 사실을 알 수 있다. 하나님은 하나님의 자녀인 사람들에게만 자유의지를 주신 것이 아니라, 하나님의 일꾼인 천사들에게도 자유의지를 주셨다는 사실이다. 그러지 않았다면 천사들은 그저 하나님께 순종하여

심부름만 잘했을 것이다. 그러니 하나님은 정말 이해할 수 없을 정도로 인격적인 분이시다. 하나님은 자녀들에게도 자원하는 사랑을 원하셨을 뿐 아니라 일꾼들에게도 자원하는 충성을 원하셨다.

여섯째, 하나님은 인간이 미워서 타락하고 고통받게 만드신 것인가? 결코 그렇지 않다. 빌더 슈미트[A. E. Wilder-Smith]라는 독일의 신학자는 그 이유를 하나님이 사랑이시기 때문이라고 말한다. 하나님이 인간에게 자유의지를 주신 것은 자원함이 없이는 온전한 사랑이 불가능하기 때문이다.[19] 하나님은 우리와 잠시 연애를 하거나 썸을 타는 정도가 아니라 참사랑을 나누고 영원한 혼인 관계를 맺기 원하셨다.

인간에게 왜 고통을 주셨는가?

일곱째, 그러나 하나님이 사랑을 선택하신 결과가 인간에게는 너무나 큰 고통의 역사 아니었는가? 인간은 최고의 기능인 자유의지를 오용하여 선악과를 따먹고 하나님께 불순종함으로 에덴동산에서 추방되고 말았다. 그러나 정직하게 본다면, 그것은 하나님의 추방이 아니라 인간의 독립선언이라고 말해야 한다.

오늘날 사람들은 종종 질문한다. 어떻게 선하신 하나님이 중동의 대지진, 캘리포니아의 대형 산불, 거대한 쓰나미 같은 자연재해를 일으키실 수 있고, 코로나19 같은 전염병이 창궐하도록 하실 수 있는가? 하지만 우리는 좀 더 정직해야 한다. 하나님은 우리에게 아름다운 자연을 창조해 주셨다. 자연이 파괴된 것은 인간의 범죄함에서 비롯된 것이고, 이후로도 인간의 탐욕이 계속됨으로 기후 이상 현상과 자연의 역습이 일어나고 있는 것이다.

　사탄은 인간을 속여 선악과를 먹게 함으로 인간이 타락하고 하나님과의 관계가 깨어지게 만들었다. 그러므로 우리가 선악과와 창조의 사건을 오해함으로 하나님을 끊임없이 의심하고 원망한다면, 여전히 우리는 사탄의 속임수에 속고 있는 셈이 된다. 오히려 하나님은 자유의지와 사랑이라는 최고의 선물을 주시는 분이다. 그리고 망가진 우리를 결코 포기하지 않고 다시 살려내셔서 이 고통의 역사를 환희의 역사, 승리의 역사로 바꿔 주실 유일한 분이다.

왜 하나님은 인간을 만드셨는가? (2)

사실 성경은 우리의 의심과는 전혀 다른 이야기를 하고 있다. 하나님께서 사람을 만드신 것은 그냥 장난감을 만드신 것이 아니라 하나님의 자녀를 만드신 것이었다. 그리고 하나님은 그 자녀와 사랑의 교제를 나누기 원하셨다. "우리가 보고 들은 바를 너희에게도 전함은 너희로 우리와 사귐이 있게 하려 함이니 우리의 사귐은 아버지와 그의 아들 예수 그리스도와 더불어 누림이라"(요한일서 1:3). 다만 죄로 인해 깨어진 관계를 회복하기 위해서 하나님도 감당하기 어려운 결정을 하셔야 했다.

```
창조 (FORM) → 타락 (DEFORM) → 구원 (REFORM)
```

사람들은 하나님이 인간을 창조함으로 인간이 너무나 큰 피해를 보았다고 생각한다. 하지만 하나님도 아들 예수 그리스도를 내어주시는 고통을 감수하셔야 했다. 우리는 구원 역사를 위해 하나님이 당연히 필요한 조치를 하신 것뿐이라고 생각할 수 있다. (이 부분에 대해서는 3장에서 더 자세히 다루겠다.) 하지만 그것은 하나님께는 무척이나 어려운 결정이었다.

홍수가 난 어느 마을에 강물이 넘쳐 많은 이들이 물살에 휩쓸려가고 있었다. 한 남자가 강물에 떠밀려 내려가며 필사적으로 도움을 청했지만 주변 사람들은 너무 위험해서 엄두를 내지 못했다. 그때 한 구조대원이 다리 위에서 그를 보고는 자신의 생명을 걸고 다리 밑으로 뛰어내려 남자를 구해 냈다. 그러나 그 과정에서 너무 체력을 소진한 구조대원은 물살에 떠내려가 목숨을 잃고 말았다. 이처럼 예수님은 그분의 생명으로 우리의 생명을 대신하셨다. 그분의 희생 덕분에 우리는 영원한 생명을 누리게 되었다.[20]

하나님은 고통받는 세상을 어떻게 생각하시는가?

신약에서 예수 그리스도의 십자가 구속의 사건을 묵상할 때 이해하기 힘든 점은 어떻게 이 망가진 죄인을 위해 창조주께서 자기 생명을 버리실 수 있는가 하는 것이다. 그러나 이런 불가해한 구원 사건이 이해되는 지점이 바로 창조다. 하나님은 인간을 단순히 장난감이나 로봇으로 지으신 것이 아니라 하나님의 형상, 하나님의 자녀로 창조하셨기 때문이다.

> "하나님이 자기 형상 곧 하나님의 형상대로 사람을 창조하시되 남자와 여자를 창조하시고"_창세기 1:27

그래서 하나님은 포기할 수 없으시다. 자녀는 부모를 잊고 살아도 부모는 자녀를 하루도 잊을 수 없는 법이다. 부모가 죽으면 땅에 묻고, 자식이 죽으면 가슴에 묻는다고 하지 않는가. 구원의 신비는 창조의 신비에서 시작된다. 구원론을 이해하려면 창조론을 이해해야 한다. 그러므로 창조를 부정하면 구원의 온전성이 훼손되는 결과가 온다.

> "하나님이 세상을 이처럼 사랑하사 독생자를 주셨으니 이는 그를 믿는 자마다 멸망하지 않고 영생을 얻게 하려 하심이라"_요한복음 3장 16절

하나님은 과연 세상을 어떻게 바라보실까? 인간이 살아가는 시공간 세계에서 볼 때 하나님이 계신 영원의 세계는 요원한 세계가 아닌가. 시간과 영원은 맞닿을 것 같지 않은 평행선처럼 보이지 않는가. 그런데 하늘의 하나님께서 이

세상을 사랑한다고 고백하신다. 어느 정도로 사랑하시냐면, 인간이 타락했는데도 수천 년을 포기하지 못하실 정도로, 돌이키게 하려고 끊임없이 하나님의 사람들을 보내 말씀해 주시고 구원 사건들을 보여 주며 온갖 노력을 하실 정도로, 더 나아가 하나뿐인 아들의 생명을 십자가에 내어주실 정도로 사랑하신다.

물론 어떤 이들은 질문한다. "왜 꼭 예수를 믿어야만 구원을 받는가?" 기독교는 자기들에게만 구원의 길이 있다고 말하니 편협하다는 비판의 소리다. 이 내용도 3장에서 더 자세히 다루겠다. 다만 이것을 말하고 싶다. 사실 시간은 영원으로 건너갈 방법이 없다. 영원이 시간에 다가오지 않는 한 말이다. 그런데 영원이 시간에 손을 내밀었다면 안 잡을 이유가 없지 않은가.

신데렐라가 왕자님을 찾아갈 방법은 없어도 왕자님이 찾아와 구두를 신겨 주며 청혼한다면 거절할 이유가 없지 않은가? 수능 보고 내 맘대로 원하는 대학에 갈 수는 없지만 그 대학에서 입학 소식이 왔다면 거절할 이유가 없지 않은가? 우리는 시간의 미로 안에 갇혀 있는데 왜 영원의 언덕에 오를 기회를 놓치겠는가? 당연히 그분이 내민 손을 잡아야 하리라.

게다가 우리를 구원하심이 단순히 불구덩이에서 나무 조각을 꺼내듯 건지시는 것이 아니라 우리를 완전히 새 사람으로 만드시는 것이라니 얼마나 감사한 일인가! "그런즉 누구든지 그리스도 안에 있으면 새로운 피조물이라 이전 것은 지나갔으니 보라 새 것이 되었도다"(고린도후서 5:17). 구원reform은 찌그러진 차를 엉성하게 펴는 것이 아니라 새 차로 만들어내는 것이다. 예수 그리스도의 생명이 우리 안에 임하기 때문이다. 그러므로 관건은 우리가 예수 그리스도를 통하여 하나님께로 돌아가는 데에 달려 있다.

왜 인간은 불안할 수밖에 없는가?

인간은 존재 자체가 불안할 수밖에 없다. 잠시 평안한 것 같다가도 돌아서면 불안해진다. 지금 가는 길이 평지일지라도 그다음 언제 낭떠러지가 될지 모르기 때문이다. 살다 보면 인생이 바닥이 울렁거리는 놀이기구를 타는 것처럼 느껴질 때가 많다. 미래의 불확실성에서 오는 실존적 불안은 우리를 늘 긴장하게 만든다.

그럴 수밖에 없는 것이 세상은 영원하지 않고 늘 가변적이기 때문이다. 잘 지내던 부부가 언제 갑자기 싸울지 모르고, 건강하던 사람이 언제 갑자기 병에 걸릴지 모르고, 창창

하던 기업이 어느 순간 위기를 맞을지 모르고, 수십 년 우정이 언제 갑자기 깨질지 모르는 것이 인생이기 때문이다.

이런 상대성의 불안에서 인간이 자유할 수 있는 길은 영원히 변치 아니하시는 절대자 하나님께로 돌아가는 것밖에는 없다. 마치 밖에서 뛰어놀다가 실망스러운 일이 있어서 울며 들어온 아이가 엄마 품에 안겨서는 무슨 일이 있었냐는 듯이 편안하게 잠드는 것과 같다. 하나님은 그렇게 우리 영혼의 온전한 안식처가 되신다.

어느 깊은 계곡 위에 나무판자로 만들어진 흔들다리가 있었다. 한 남자가 건너려고 했지만 다리는 강풍에 끊임없이 흔들리고 있었다. 그는 다리 한가운데서 멈추고 말았다. 밑을 내려다보니 아찔한 낭떠러지였다. 그러나 그는 이내 불안한 마음을 다잡고 다리를 건널 수 있었다. 이유는 단 한 가지였다. 다리 아래 설치된 튼튼한 안전그물을 보았기 때문이다. 안전그물이 어떤 상황에서도 자신을 보호해 줄 것을 확신하게 되자 그는 두려움에서 벗어날 수 있었다.[21]

세상에 그 어떤 것도 완전하지 않지만 하나님은 완전하시다. 세상에 그 어떤 사랑도 언젠가는 변하고 말지만 하나님의 사랑은 변함이 없다. 세상에 그 어떤 기초도 무너지고 말지만 하나님은 영원토록 신실한 구원의 기초가 되신다. 그러니 불안한 세상을 붙들고 살겠는가, 아니면 영원히 견고하신 하나님께 붙잡혀 살겠는가?

짙은 안개가 내려 앞이 전혀 보이지 않던 어느 날, 한 선장이 대양 한가운데서 항해하고 있었다. 선원들은 불안해하며 물었다. "선장님, 이 안개 속에서 어떻게 방향을 찾으십니까?" 선장은 이렇게 대답했다. "안개 속에서도 내가 믿을 것은 이 손안의 나침반과 저 멀리 등대의 불빛이네. 그것이 나를 안전한 길로 인도할 것일세."[22]

미래의 불확실성은 우리에게 두려움을 주지만, 미래조차 알고 계시고 보고 계시고 주관하고 계시는 하나님이 내 인생의 나침반이 되시고 등대가 되어 주신다. 그러므로 하나님이 인도해 주시는 인생의 배에 올라타게 된다면 어찌 우리 영혼에 근원적 평안이 임하지 않겠는가.

하나님은 인간을 어떻게 만드셨는가?

인간을 자세히 들여다보면 매우 이중적인 존재다. 전혀 상반된 요소들로 구성되어 있기 때문이다. 그런데 이 모든 요소가 한 존재 안에서 유기적으로 잘 통합되어 움직이고 있다. 하나님은 인간을 어떻게 만드셨는가?

사람을 삼분법으로 보면, 영 spirit, 혼 soul, 육 body으로 나눌 수 있다. "평강의 하나님이 친히 너희를 온전히 거룩하게 하시고 또 너희의 온 영과 혼과 몸이 우리 주 예수 그리스도께

서 강림하실 때에 흠 없게 보전되기를 원하노라"(데살로니가 전서 5:23). 그러므로 인간은 육체 안에 혼을 담고 있는 영이라고 정의할 수 있다.

> "여호와 하나님이 땅의 흙으로 사람을 지으시고 생기를 그 코에 불어넣으시니 사람이 생령이 되니라"_창세기 2:7

하나님은 흙과 생기로 사람을 지으셨다. 물론 흙도 생기도 하나님의 재료다. 그러나 흙으로 아무리 외관을 잘 빚어도 생기라는 내용이 들어가야 한다. 집이 아무리 멋있고 훌륭하다 할지라도 아무도 살지 않으면 폐가요 흉가가 된다. 마찬가지로 육신의 껍데기가 아무리 건강하고 멋있어도 영혼이 속에서 죽어 있으면 폐가일 뿐이다. 영혼이 살아나야 하고 깨어나야 한다.

인간이라는 존재가 가진 것이 육체뿐이라면 잘 입고 잘 먹고 잘 자고 잘 노는 것 외에는 다른 것이 없다. 육체를 즐겁게 하는 삶 이외에는 유익이 없다. 그러나 우리 안에는 하나님의 생기로 지어진 영혼이 있기 때문에, 우리는 영혼의 양식인 말씀을 먹고 성령의 임재를 경험할 때 비로소 살아난다. 그래서 우리가 예배의 자리에서 말씀을 듣고 성령의 감동을 받고 나면, 비로소 내가 왜 존재하는지, 왜 살아가는지 인생의 의미를 발견하게 된다.

그렇다면 이 땅에 살면서 재미있는 인생을 추구할 것인

가, 의미 있는 인생을 추구할 것인가? 육신도 하나님이 주신 것이기에, 맛있는 음식을 먹고 충분한 잠을 자고 좋은 사람들과 교제하며 재미있게 사는 것도 하나님이 주신 분복이다. 그러나 순간적인 쾌락과 향락만 추구하다 보면 인생이 당장은 즐거워도 마침내 허무해지고 만다. 그렇게 살아가는 의미가 무엇인지 알 수 없기 때문이다.

그래서 재미는 의미가 없을 수 있지만, 의미는 결국에 가장 재미있는 것이 된다. 재미는 순간의 위안을 주지만, 의미는 영원한 만족을 주기 때문이다. 우리가 상실한 인생의 의미를 우리에게 회복시켜 주러 오신 분, 예수 그리스도를 바라보자.

3장
왜 예수님인가?

왜 오직 예수님인가?

절대자 하나님이 계신 것도 인정하겠고 인간에게 영적인 필요가 있다는 것도 알겠다 해도, 왜 꼭 예수님을 믿어야 한다고 하는가? 하나님이 나의 아버지 되신다는 것을 고백하면 되는 것 아닌가? 결론부터 말하자면, 예수님은 하나님이 제시하신 유일한 해답이기 때문이다.

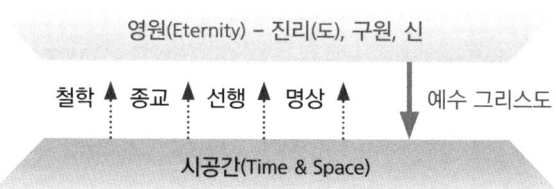

영혼을 가진 인간은 물질계의 유한한 것으로 아무리 채워도 그 영혼이 채워지지 않는다. 그래서 영원을 향한 갈망을 멈출 수 없다. 진리(도)를 찾는 이들도 있고, 구원을 갈망하는 이들도 있고, 신에게로 나아가기 원하는 이들도 있다. 철학을 통해서 사유하기도 하고, 종교를 통해 수양하기도 하고, 선행을 통해 영혼을 정화하려고도 하고, 명상을 통해 신성에 이르려고도 한다.

그러나 이 모든 것은 인간 차원에서 영원에 이르려는 노력이다. 다 가치 있는 시도이지만, 영원으로부터 하나님께서 우리에게 제시하신 길은 예수 그리스도 한 분이시다. 예수Jesus는 구약의 "여호수아Joshua" 혹은 "호세아Hosea"와 같은 이름으로 "여호와께서 구원하신다"라는 뜻이다. "아들을 낳으리니 이름을 예수라 하라 이는 그가 자기 백성을 그들의 죄에서 구원할 자이심이라 하니라"(마태복음 1:21).

그리스도Christ, 헬라어는 구약의 메시아Messiah, 히브리어를 신약에서 부르는 이름이다. 그리스도는 "바로 그 기름부음 받은 자the Anointed"라는 뜻이다. 구약 시대에는 왕, 제사장, 선지자에게 기름을 부어 세웠다. 그들은 하나님의 선택을 받은 자들이요, 하나님의 뜻을 이루는 사명자들이었다. 구약의 예언서들은 하나님께서 마지막으로 메시아를 보내서서 그분의 백성을 구원하실 것이라는 예언을 기록했다. 예수님이 바로 그 그리스도시라는 뜻이다.

'예수'는 하나님의 아들이신 성자의 지상 이름이다. 성자께서 사람의 육신을 입고 오셨을 때 지상에서 가지셨던 이름으로, 이후로 영원토록 우리의 구원자가 되심을 고백하는 이름이 되었다. '그리스도'는 성자의 천상 이름이다. 성자께서는 영원부터 영원까지 하나님과 함께 계시며 삼위일체로 거하시는 하나님이시다. 그러므로 천상의 영원한 성자의 이름은 '그리스도'시다.

그러므로 우리가 성자를 '주 예수 그리스도'라고 부르는 것 자체가 신앙고백이다. 2천 년 전 우리를 위해 십자가를 지신 예수님이 영원하신 성자 그리스도시며 우리의 주님Lord이시라는 고백이기 때문이다. 로마 박해 시절 성도들은 익투스(ΙΧΘΥΣ, 헬라어 "물고기")라는 암호로 신앙의 비밀을 지켰다. 익투스는 "예수 그리스도 하나님의 아들 구원자"의 머리글자만 딴 말이다. 영원하신 하나님의 아들 그리스도께서 2천 년 전 당신을 구원하시기 위해 사람의 몸을 입고 오셔서 예수님이 되어 주셨고, 십자가에 달리사 당신의 죄를 사하시고 구원자가 되어 주셨다.

어느 병원에 치명적인 암을 앓고 있는 환자가 있었다. 의사는 환자에게 말했다. "다른 치료법은 없습니다. 이 치료제를 복용하셔야 회복될 수 있습니다." 하지만 환자는 의사의 말을 믿지 않고 다른 방법을 찾으려고 했다. 민간요법도 시도하고 인터넷에서 추천한 약초도 복용하는 등 온갖 방법을 썼지만 상태는 악화되기만 했다. 결국 그는 의사에게 돌아와 의사가 말한 치료제를 복용하기 시작했다. 얼마 후 그의 몸은 놀랍게 회복되었고 새 생명을 얻을 수 있었다.

이처럼 예수님은 우리의 병든 영혼을 치료하실 수 있는 유일한 구원자가 되신다. 사람들은 다양한 종교, 선행, 윤리 도덕, 철학적 사유를 통해 구원을 얻으려고 하지만, 사람을 창조하시고 구원하시는 하나님이 제시하신 구원은 오직 예수 그리스도 한 분이시다. "다른 이로써는 구원을 받을 수 없나니 천하 사람 중에 구원을 받을 만한 다른 이름을 우리에게 주신 일이 없음이라 하였더라"(사도행전 4:12).[23]

왜 죄인이라고 하는가?

미신자Yet-Christian에게 우리 인간은 모두 죄인이라고 말하면, 아니 내가 무슨 죄를 지었다고 죄인이냐며 반문한다. 그도 그럴 것이, 형법상의 죄를 지은 적이 없는 사람에게 죄인이라고 하기 때문이다. 그러나 성경에서는 인간은 모두 죄인이라고 선언한다. 그것은 하나님의 절대 선의 기준에서 바라볼 때 예외가 없기 때문이다.

> "기록된 바 의인은 없나니 하나도 없으며 깨닫는 자도 없고 하나님을 찾는 자도 없고 다 치우쳐 함께 무익하게 되고 선을 행하는 자는 없나니 하나도 없도다"_로마서 3:10-12

우리 중 누구도 죄의 문제에서 자유로운 사람이 없다. 실

정법을 어기지 않았을지라도 타인에게 잘못한 것, 자신에게 잘못한 것, 하나님 앞에 잘못한 것들은 말과 생각과 행동 가운데 셀 수 없이 많다.

그러면 도대체 무엇이 죄라는 것인가? 한자로 죄罪는 '그물 망罒'에 '아닐 비非' 자를 쓴다. 아닌 것을 알면서도 계속하면 그물에 걸린다는 뜻이다. 죄란 그런 것이다. 형법상 아닌 것뿐 아니라 윤리도덕적으로 아닌 것, 양심상 아닌 것을 행함으로 자기 마음에 걸리고 관계에 문제가 생기고 죄책감의 그물에 빠지게 된다.

이것은 신자들만 사용하는 개념이 아니다. 일반인들도 이런 말을 종종 사용한다. 평생 나를 낳아 주시고 길러 주시고 보살펴 주신 부모님께 오랜만에 전화하면서 '오늘은 부모님께 친절하게 말해야지' 다짐하고서도, 부모님의 잔소리에 짜증 내고 화내고 전화를 끊고 나서는 이렇게 말한다. "아! 나는 정말 불효막심한 죄인이구나!"

이 길이 아닌 것을 알면서도 가고, 이렇게 말하면 안 되는 것을 알면서도 말하고, 이렇게 행동하면 안 되는 것을 알면서도 행하고, 이런 마음을 품으면 안 되는 것을 알면서도 몰래 품고…. 이런 일들이 비일비재하다. 우리는 죄 가운데 발버둥 치며 살고 있다. 우리는 죄의 늪에 빠져서 살고 있다. 이 죄의 그물에 빠지면 슬픔과 절망, 싸움과 분열, 어둠과 사망의 먹구름 아래 살아갈 수밖에 없다. 늘 죄의 구름 아래 어두운 날을 살게 된다.

"그러면 어떠하냐 우리는 나으냐 결코 아니라 유대인이나 헬라인이나 다 죄 아래에 있다고 우리가 이미 선언하였느니라"(로마서 3:9). 오늘날로 말하자면, 교회를 다니는 사람이나 다니지 않는 사람이나 다 죄인이라는 말이다. 종교인으로 살지라도 그리스도의 복음을 의지하는 것이 아니라 종교적인 의를 의지하는 사람은 세상 사람과 똑같이 "죄 아래" 즉 죄의 지배 아래 살고 있기 때문이다.

캐나다 밴쿠버에서 4년간 목회를 한 적이 있다. 밴쿠버는 지중해성 기후로 인해 겨우내 5-6개월 동안 비가 계속 내린다. 도시 전체에 먹구름이 깔린다. 일조량의 부족은 많은 문제를 일으키는데, 몸이 충분한 햇볕을 쬐지 못하면 피곤증, 충치, 우울증, 적개심, 면역력 저하, 중풍, 탈모증, 피부 손상, 알코올중독, 약물중독, 알츠하이머병, 암, 근력 약화, 근육 탄력 감소 증상이 유발된다.

그러나 그 도시에 살고 있는 한, 우기에 먹구름 아래 사는 것을 막을 길이 없다. 비 오는 날 거리를 나서면 우산을 받쳐 들어도 비에 젖지 않을 사람이 없다. 방사능에 노출되면 피폭되지 않을 사람이 없고, 오존층이 파괴되면 그 영향을 피할 사람이 없다. 세상은 죄의 강력한 영향권 아래 놓여 있다. 이 땅에 살면서 죄의 먹구름을 피해 갈 사람은 없다.

그러나 생각해 보라. 먹구름이 아무리 짙을지라도, 겨우내 비가 올지라도 그 비구름 위에 태양이 빛나고 있지 않은가. 우리는 죄 아래 있을 사람들이 아니라 하나님 은혜의 빛

아래 있을 사람들이다. 그러므로 죄 아래 있는 모든 사람은 하나님 은혜의 창공으로 비상할 수 있는 하나님의 의를 덧입어야 한다. 서로 비교우위를 차지하려는 인간의 의를 의지해서는 그 지점에 이를 수 없기 때문이다.

우리가 마음에 품는 상대적인 의는 영혼 구원에 아무런 도움이 되지 않는다. '어떻게 사람들이 저럴 수가 있어. 저런 나쁜 짓을 하다니. 내가 저런 사람들보다는 낫지.' 우리는 세상 정치인들을 비판하고 기업인들을 비판하고 가족과 이웃을 우리만의 잣대로 비판하면서 일종의 상승elevation 효과를 느낀다. 다른 누군가의 잘못을 지적하고 판단하면 나는 상대적으로 의로운 사람이 되는 것 같은 기분이 들기 때문이다.

그러나 그것은 마치 폐 기능에 문제가 생긴 어떤 사람이 오래된 구형 엑스레이 앞에 서서 검사를 하는 것과 같다. 거기서는 매우 건강하다고 판단할 것이다. 그러나 신형 MRI로 검사해 보면 문제점들이 낱낱이 드러나게 된다. 세상이라는 거울 앞에 서서 보면 타인의 문제점들만 보이고 나는 문제가 없어 보인다. 그러나 거룩하시고 한 점 흠이 없으신 하나님의 거울 앞에 서면 정직하게 있는 모습 그대로가 드러나게 된다. 그제야 우리는 우리 자신이 죄인이라는 것을 인정하게 된다. 그리고 그 정직한 자기 이해로부터 구원의 빛이 임하게 된다.

상대적인 의, 상대적인 선함, 상대적인 도덕성, 상대적인 우월함으로는 구원받지 못한다. 악인들도 '그래도 내가 저 사람보다는 낫지'라고 생각한다. 누구보다 우위라는 것은 또 다른 누구보다는 열등하다는 의미다. 이러한 상대성으로는 절대성에 진입할 수 없으며, 상대적 의로는 영원한 천국에 들어갈 수 없다.

"내가 너희에게 이르노니 너희 의가 서기관과 바리새인보다 더 낫지 못하면 결코 천국에 들어가지 못하리라"(마태복음 5:20). 그러면 예수님은 여기에서 왜 비교급으로 말씀하셨을까? 예수님 시대에 서기관과 바리새인들은 일반인들이 볼 때 따라가기 어려울 정도로 최고의 종교적 의를 실천하던 사람들이었다. 따라서 예수님은 비교우위를 말씀하신 것이 아니라 하나님의 의의 차원에 이르러야 함을 말씀하신 것이었다.

인간은 전적 타락에 빠진 존재다. 인간은 자신이 얼마나 심각하게 무너져 있는지를 깨닫고 이 죄의 늪에서 스스로 빠져나올 수 없음을 알게 되면 그때 전적으로 하나님의 구원의 은혜를 갈망하게 된다. 그렇지 않으면 교회를 오래 다닌 사람일지라도 종교적인 자기 의에 의지해서 하나님과는 상관없는 종교생활을 하게 된다. "하나님, 이 정도는 제가 하겠습니다. 제가 저 사람들보다는 낫지 않습니까. 저 혼자서 할 수 있습니다."

이런 상대적인 자기 의self-righteousness에 의지하는 사람은 종교인이든 비종교인이든, 교인이든 비교인이든 한 가지 문제가 생기는데, 바로 하나님을 내 인생에서 배제한다는 것이다. "그들의 눈앞에 하나님을 두려워함이 없느니라"(로마서 3:18).

인간에게는 도덕적으로 짓는 죄, 관계적으로 짓는 죄, 마음으로 짓는 죄, 언행으로 짓는 죄 등 많은 죄가 있지만, 하나님이 보실 때 가장 가슴 아픈 죄는 하나님을 경외하지 않고 하나님을 사랑하지 않고 생명의 근원이신 하나님을 멀리하는 죄다. 자기 의는 굳이 하나님을 의지할 일이 없기 때문이다. 그러나 그런 가짜 경건으로 신앙이 얼마나 성장하겠는가. 마치 물 탄 가짜 연료를 자동차에 주입해서 달리면 차도 망가지고 멀리 가지 못해 멈추는 것과 같다.

"의인은 없나니 하나도 없다"라는 성경의 선언을 이해하겠는가. 오염된 세상에서 살아가는 우리는 모두 오염물질을 속에 담고 사는 사람들이다. 인간에게 가장 비극적인 것은 자기 기준으로 남을 비판하지만, 그 사람의 문제가 내 안에도 있다는 사실이다. 마치 감기 걸린 사람한테 가까이 오지 말라고 하지만, 사실은 활성화가 안 되었을 뿐이지 내 안에도 동일한 감기 바이러스가 있는 것처럼 말이다.

영화 〈에이리언〉에서 가장 무서웠던 장면이 있다. 그 무시무시한 외계 생명체가 주인공 시고니 위버 안에 잉태되어 태어나는 장면이었다. 죄 아래 있는 세상에서 다른 죄인들을 비난하며 살 문제가 아니라 내 안에 그 죄가 잉태되어 있음을 알아야 한다. 신문을 보면서 어떻게 이런 극악무도한 죄인들이 있는지 분노하는가? 나나 그들이나 특별히 다르지 않다는 것을 모르는가?

예수님은 산상수훈에서 우리에게 충격적인 진실을 말씀하신다. 실제로 살인한 사람만 살인자가 아니라 형제를 미워한 사람도 살인자이며, 실제로 강간한 사람만 성범죄자가 아니라 이성을 보고 음욕을 품은 사람도 성범죄자라는 것이다. 왜? 그 사람과 나의 차이는 한 끗 차이일 뿐이다. 사람의 본질은 그 사람의 마음 아닌가. 우리는 모두 죄를 지어서 죄인이 아니라, 죄인이라 죄를 짓는 것이다.

오늘날 우리는 현대 문명 가운데 매우 세련되고 멋있게 사는 것 같은 착각에 빠질 때가 많다. 하지만 하나도 예외 없이 우리는 죄인들이다. 어린아이도 천사처럼 보이지만 친구의 장난감을 빼앗을 때 일그러지는 얼굴을 보면 여지없이 죄인이다. 남편이나 아내의 외도 때문에 가정이 깨지기도 하고 자녀들은 방황하며 전 세대에 성적 타락과 도덕적 해이가 만연해 있다. 언어 폭력, 신체 폭력, 성폭력, 치사, 살인 사건이 가장 많이 일어나는 곳이 어디인 줄 아는가? 뒷골목이 아니다. 다름 아닌 가정이다.

인간이 참으로 치사하고 졸렬한 것은 가장 만만한 사람에게 악을 행한다는 사실이다. 남편은 직장에 나가서는 사람들에게 굽신거리면서 집에 들어오면 만만한 아내와 아이들에게 폭언을 쏟아낸다. 아내는 전화 받을 때는 우아한데 만만한 남편은 쉽게 정죄하고 자식들을 쥐 잡듯이 잡는다.

아이들도 학교에서는 조신한데 집에만 오면 부모 형제에게 온갖 짜증을 쏟아낸다.

"하나님, 저의 힘으로는 도저히 죄의 늪에서 빠져나올 수 없습니다. 저를 긍휼히 여겨 주소서. 저는 심각한 죄인입니다. 신앙생활을 하면서도 여전히 죄인입니다. 주 예수여, 저의 죄를 주의 보혈로 덮으사 저를 이 죄악의 수렁에서 건져 주소서."

왜 꼭 예수님이어야 하는가?
1장에서 종교다원주의를 다루면서 모든 종교에 부분적 진리가 있음을 보았다. 종교다원주의는 모든 종교에 구원이 있다고 말한다. 그러나 성경은 오직 예수 그리스도에게만 구원이 있다고 말한다. 왜 그런가?

성경은 하나님께서 모든 사람에게 보편적 은혜를 베푸신다고 말한다. "하나님이 그 해를 악인과 선인에게 비추시며 비를 의로운 자와 불의한 자에게 내려주심이라"(마태복음 5:45). 이처럼 하나님은 모든 이에게 고루 은혜의 선물을 주시는 분이다. 모든 종교에 있는 부분적 진리들을 통해서도 사람은 내면에 위안을 얻을 수 있다.

하지만 성경이 오직 예수님에게만 구원이 있다고 말하는 것은, 보편적 은혜가 아니라 특별한 은혜를 이야기하는 것이다. 이것은 마치 마리아에게 "은혜를 입은 자여 highly favoured"(누가복음 1:28)라고 말하는 것과 같다. 이는 마리아가 하나님 앞에 보편적인 은혜를 넘어 특별한 은혜를 입었다는 뜻이다. 그러면 하나님은 사람들을 차별하거나 편애하시는 분이라는 말인가? 그렇다. 그러나 그렇지 않다. 하나님은 모든 사람을 공평하게 사랑하신다. 하지만 하나님을 갈망하고 사랑하고 헌신하는 사람에게 특별한 은혜를 베푸시는 인격적인 분이시기도 하다.

"너희는 유대인이나 헬라인이나 종이나 자유인이나 남자나 여자나 다 그리스도 예수 안에서 하나이니라"(갈라디아서 3:28). 복음은 모든 사람에게 구원을 주시는 보편적 은혜다. 그러면서도 동시에 복음을 받아들이는 사람에게 구원을 주시는 특별한 은혜이기도 하다. "십자가의 도가 멸망하는 자들에게는 미련한 것이요 구원을 받는 우리에게는 하나님의 능력이라"(고린도전서 1:18).

그러므로 예수님의 십자가 복음이 배타적이라고 볼 수는 없다. 복음은 모든 사람을 품는 하나님의 사랑의 손길이요 제안이다. 거기에는 차별이 없다. 하지만 하나님은 기계적인 분이 아니라 인격적인 분이 아니신가. 천국은 입장권을 끊어서 가는 곳이 아니라 아버지 집에 가는 것이다. 그리고 아버지 집에 들어가는 사람들은 당연히 예수님을 통해 하나님을 아버지로 고백하는 자녀들이다.

"영접하는 자 곧 그 이름을 믿는 자들에게는 하나님의
자녀가 되는 권세를 주셨으니"_요한복음 1:12

예정인가? 만인구원인가?

종종 신자나 미신자 중에서 예정론과 만인구원론에 대해 질문하시는 분들이 있다. 예정Predestination이 맞는 것인가? 아니면 만인구원Universal Atonement이 맞는 것인가? 예정론은 하나님이 구원받을 자들을 미리 정하셨다는 교리이고, 만인구원론은 하나님은 모든 사람이 구원받기를 원하시지만 개인의 자유의지로 결정된다는 교리다.

결국 예정론은 하나님의 의지를 강조하고 만인구원론은 인간의 자유의지를 강조한다. 전에 감리교 여름성경학교 공과 교사 가이드북에서 이에 대한 설명을 보았는데, 예정론이 하나님의 은총 100 + 인간의 선택 0이라면, 만인구원론은 하나님의 은총 99 + 인간의 선택 1이라고 표현했다. 물론 인간의 선택을 1이라고 표현했지만 그 1은 100이 되기 위한 필수불가결한 1이기에 매우 중요한 요소가 된다.

그러면 성경은 무엇이라고 말할까? "하나님은 모든 사람이 구원을 받으며 진리를 아는 데에 이르기를 원하시느니라"(디모데전서 2:4). 이것은 만인구원론의 근거 구절이다. "곧 창세 전에 그리스도 안에서 우리를 택하사 우리로 사랑 안에서 그 앞에 거룩하고 흠이 없게 하시려고 그 기쁘신 뜻대로 우리를 예정하사 예수 그리스도로 말미암아 자기의 아들들이 되게 하셨으니"(에베소서 1:4-5). 이것은 예정론의 근거 구절이다. 이 두 구절이 모두 성경 안에 있고, 모두 사도 바울이 언급했다.

나는 고등학교 1학년 때 성경을 읽다가 에베소서 1장에서 "예정"이라는 단어를 보았다. 당시 감리교회를 다닐 때였는데 학생부 부장 선생님께 질문했다. "권사님, 성경에 예정이라는 말이 나오는데 예정론이 맞지 않나요?" 그러자 선생님이 이렇게 반문하셨다. "네가 장로교인이냐, 감리교인이냐?" 나는 속으로 이런 생각을 했다. '나는 교리를 알고 싶은 게 아니라 진리를 알고 싶은데요.' 그때 그분도 답을 모르지 않았나 싶다.

예정론을 비판하는 사람들은 이런 질문을 한다. "예정론이 맞다면 전도가 왜 필요하고 선교가 왜 필요한가? 하나님이 구원받을 사람과 구원받지 못할 사람을 다 정해 두셨다면 사람이 전도나 선교를 한들 소용이 없는 것 아닌가?" 일견 일리가 있어 보이지만 그렇지 않다. 만약에 하나님이 나를 통해서, 혹은 우리를 통해서 그 사람(들)을 구원하려는 섭리를 가지셨는데 "하나님이 다 알아서 하세요" 하며 가만히 있는다면 우리의 나태함 때문에 그들의 구원이 지연되는 일이 벌어지지 않겠는가.

그러나 또한 하나님은 인간에게 자유의지를 주셨다. 그래서 인간이 스스로 자신의 길을 선택하도록 하셨다. 첫 사람 아담에게 선악과를 먹을지 말지, 즉 하나님께 순종할지 말지를 선택할 수 있는 자유의지를 주셨고, 모든 사람에게 성자께서 베푸신 최고의 선물인 십자가의 구원을 믿을지 말지를 선택할 수 있는 자유의지를 주셨다. 하나님은 인간을 기계적으로 반응하는 꼭두각시로 만드신 것이 아니다.

그러면 양극단에 서 있는 예정과 만인구원을 우리는 성경적으로 어떻게 이해해야 하는가? 성경에 근거 구절들이 나오면 아직 전부 이해가 되지 않아도 신뢰해야 한다. 그리고 하나님께 성경적으로 통전적인 답을 구해야 한다. 나는 성경에서 10여 년간 이 질문에 대한 답을 구했고 하나님께서 주신 답변이 있다.

"너희 안에서 행하시는 이는 하나님이시니 자기의 기쁘신 뜻을 위하여 너희에게 소원을 두고 행하게 하시나니"(빌립보서 2:13). 놀랍지 않은가! 사람 안에서 행하시는 주체Actor가 하나님이시라고 고백하면서도 사람은 맹종한다고 되어 있지 않다. 사람에게도 자원하여 행하게 하신다고 하시며, 사람도 인격적인 행위의 주체actor라고 말씀하신다.

성경은 하나님의 주권적 섭리와 인간의 자유의지를 모두 인정하고 있다. 그렇다면 우리는 인생과 역사가 하나님과 사람이 함께 만들어가는 것임을 알 수 있다. 하나님은 사람들이 알아서 진행하도록 방임 방관하지도 않으시지만, 모든 것을 인간의 의지를 배제하고 하나님의 계획대로만 진행하시며 인간을 기계적으로 움직이게 하지도 않으신다.

그러므로 위에서 언급했던 수식을 다시 정립해야 한다. 성경적으로 볼 때, 하나님의 섭리 100% + 인간의 자원함 100%가 만나서 인생과 역사가 진행된다. 하나님도 100% 기뻐하시고 인간도 100% 기뻐서 동행하는 길을 하나님이

원하신다. 이것이 참된 동행이요, 성경은 이것을 성령충만이라고 표현한다.

하나님께서 인간에게 자유의지를 주신 것도 하나님의 의지였고, 인간에게 선택권을 주신 것도 하나님의 선택이었다. 다만 하나님의 100과 인간의 100은 같은 높이나 크기가 아니다. 인간은 온 우주만물 안에 점과 같은 존재 아닌가. 하나님은 이 광대한 우주만물의 창조주시요 주관자이시다. 그런데 그 지존자 하나님께서 이 점과 같은 인간의 의견을 존중해 주시고 인격적으로 동행하기를 원하신다. 이 얼마나 감격스러운 일인가!

예수님을 의지해야 하는가?

때로 복음을 전하다 보면, 윤리적 책임감이 강한 분들을 만나게 된다. 인간의 죄인 됨에 대해서도 어느 정도 인정하고 하나님의 존재에 대해서도 인정하지만, 굳이 예수님의 십자가 구속의 은총을 의지하고 싶어 하지 않는 분들이 있다.

"내게 죄가 있다면 내가 책임을 지겠다." "죄로 인한 심판이 얼마나 두려운 것인지 몰라서 그런다." "내가 잘못했다면 책임을 지는 게 맞다. 지옥에라도 가야 하면 가겠다." "그건 지옥에 가 보지 않으셔서 하시는 말씀이다." "내가 언제 나 대신 십자가를 져 달라고 했는가?" 이렇게 도덕적이기 때문에 예수님과 거리를 두는 분들이 있다.

"베드로가 이르되 내 발을 절대로 씻지 못하시리이다 예수께서 대답하시되 내가 너를 씻어 주지 아니하면 네가 나와 상관이 없느니라"_요한복음 13:8

자녀 중에도 특별히 책임감이 강한 자녀가 있다. 나는 두 아들을 키우면서 어려서부터 금전적인 책임감을 갖도록 교육했다. 똑같이 가르쳤는데도 두 아이의 성향은 달랐다. 초등학생 때 마트에서 아이스크림 하나를 사 줘도 "뭐든지 먹고 싶은 거 먹어" 그러면 둘째는 가장 비싼 것을 고르는데 첫째는 항상 가장 싼 것을 골랐다. 그러고는 동생에게 이렇게 말했다. "비싼 거 내려놔. 그건 나중에 네가 돈 벌어서 사 먹어."

어떨 때는 성숙한 큰아들이 참 믿음직스럽고 고마웠다. 대학에 가서도 등록금 외에는 본인이 아르바이트해서 용돈이며 생활비를 벌어서 살았다. 한 번도 부모에게 손을 내밀지 않았다. 그런데 때로는 그 조숙함이 섭섭하기도 했다. 아이의 손에 용돈을 쥐여 줘도 이내 다시 돌려준다. 그래도 아빠는 아들에게 사랑의 표현을 하고 싶지 않은가. 그러지 않아도 그 아이의 먹는 것, 입는 것, 자는 것 다 아빠가 대주고 학비도 다 아빠가 해결해 주지 않는가.

당신이 지금까지 윤리도덕적으로 바른 생활을 해왔다면, 굳이 다른 사람에게 아쉬운 소리 하는 무책임한 사람이 되고 싶지 않을 수 있다. 그러나 신앙적으로 너무 조숙하여 하나님의 가장 중요한 선물인 구원의 은총, 십자가 대속의 은혜를 거부한다면, 하나님 아버지로서는 가장 가슴 아픈 일이 되고 말 것이다. 천국은 자신의 성숙함으로 가는 곳이 아니기 때문이다.

예수님이 나를 위해 죽으셨는가?

최근에 새가족반에서 한 가지 질문을 받았다. "예수님의 십자가가 이해되지 않습니다." 그래서 예수님의 십자가 구속에 대해서 설명을 해드렸더니 그제야 속마음을 이야기했다. "사실 예수님이 나를 위해서 죽으셨다는 사실이 잘 와닿지 않습니다."

미국의 탁월한 복음주의 지도자 중 한 사람인 프랜시스 챈Francis Chan 목사는 영접기도만 하면 구원받는다는 주장에 대해 반문을 던졌다. 정말 그 사람이 자신의 죄에 대해 깊이 깨우치고 회개하며 예수님의 십자가 구원의 감격을 경험한 것이 아니어도 그냥 불러주는 대로 따라서 기도만 한다고 구원에 이를 수 있는가 하는 지적이었다.[24]

이것은 마치 '세례만 받으면 신앙고백이 없어도 구원받을 수 있는가'라는 질문과 유사하다. 오늘날 세속적인 그리스도인들이 양산되는 이유는, 복음에 대한 진정한 깨달음과 고백 없이 종교적으로 신앙을 받아들였기 때문이 아니겠는가.

예전에 집사님 한 분이 자기 이웃을 전도해 달라고 요청했다. 만나 보니 남편이 나라에서 중책을 맡다가 억울하게 교도소에 가게 되었는데, 남편을 위해서 기도는 해야 할 것 같아서 교회에 나오게 된 분이었다. 그런데 양가 모두 불교 집안이어서 기독교 신앙에 대해 아무것도 모르고 있었다.

이분은 매일 교회에 나와서 남편을 위해 기도는 했지만, 예배를 드리고 있는 신도들의 모습이 전혀 이해되지 않았다. 어느 날은 내게 이런 말을 했다. "예배 시간에 보면 다들 예수님이 나를 위해서 죽었다고 감격해서 눈물을 흘리고 난리들인데, 아니 하나님의 아들이 온 인류를 구원하는데 그 정도 희생은 해야지, 안 그래요?" 듣고 보니 맞는 말이었다.

나는 어떻게 이분에게 복음을 이해시킬 수 있을지 하나님께 지혜를 구했다. "자매님 말이 맞습니다. 다만 이렇게 생각해 보세요. 만약 자매님에게 자녀가 10명 있는데 유괴범이 10명 다 잡아가서 연락하기를, 돈도 부동산도 다 필요 없고 당신의 생명을 내놔야 놓아주겠다고 하면 어떻게 하시겠어요?" 이분은 아들딸을 끔찍이 사랑했다. "당연히 내놓죠. 자식을 살릴 수 있다는데."

"그러면 만약에 자녀가 1명 있는데 유괴범이 잡아가서 당신의 생명으로만 놓아주겠다고 하면, 1:1로 내놓아야 하니까 아까워서 생명을 못 내주시겠나요?" 이분은 금방 이해했다. 예수님은 온 인류라서가 아니라 단 한 명일지라도 아낌없이 생명을 내어주신 것이라는 사실을 말이다. 그리고 그날 영접기도를 하셨다.

유럽 코스타 집회에 갔다가 강사들에게 이 이야기를 했

다. 그러면서 〈주찬양 4집: 증인들의 고백〉 앨범에서 한 형제 싱어가 잔잔하게 고백했던 내용이 기억나 함께 나누었다. "이 세상에 아무도 없고 나 한 사람만 있었을지라도, 예수님은 나를 위해 이 땅에 오셔서 나의 죄를 지고 십자가에서 죽으셨을 것입니다. 예수님은 나를 위해 죽으셨습니다." 그런데 그 자리에 그 고백을 했던 강명식 교수 본인이 있어서 서로 감격하며 이야기를 나눴던 적이 있다.

그렇다. 자식을 위해 목숨까지 내어놓을 수 있는 아버지의 사랑은 숫자로 가늠할 수 있는 문제가 아니다. 예수님은 80억 명의 인구이기 때문에 십자가를 지신 것이 아니라, 하나님의 존귀한 형상으로 지음 받은 한 영혼을 포기하실 수 없었기 때문에 십자가에서 생명을 내어주셨다.

예수님이 오지 않았다면?

예수님은 하나님께로 가는 유일한 길^{One Way}이 되신다. "예수께서 이르시되 내가 곧 길이요 진리요 생명이니 나로 말미암지 않고는 아버지께로 올 자가 없느니라"(요한복음 14:6). 그렇다. 예수님은 우리를 아버지께로 인도하는 유일한 길이 되시고, 아버지의 집인 천국의 문을 여는 유일한 열쇠^{the Key}가 되신다.

하나님을 모르는 사람들은 왜 꼭 예수를 믿어야만 구원을 받느냐고 묻지만, 사실 구원의 길이 있다는 것이 감사한 일 아니겠는가. 만약에 예수님이 구원자로 오지 않으셨다면 우리에게 아무런 구원의 여망이 없었을 것이기 때문이다.

예전에 밴쿠버에 갔을 때 발견한 것이 있다. 건물마다 승강기 앞에 "화재 시에는 승강기를 사용하지 마시오(Do not use elevators in case of fire)"라고 쓰여 있었다. 요즘에는 한국에도 이런 글귀가 승강기마다 붙기 시작했다.

만약에 고층 건물에 대형 화재가 일어나 구조원이 사람들에게 건물 밖에 깔아 놓은 대형 에어 매트리스로 뛰어내려야만 살 수 있다고 말하는데, "아니 왜 그렇게 편협한가? 승강기는 사용하면 안 되는가?"라고 항변하지는 않을 것이다. 높은 곳에서 뛰어내리는 것이 힘든 일일지라도, 내가 살 수 있는 길이 있다는 사실이 중요한 것 아니겠는가.

왜 예수님은 십자가에 달리셨는가?

하나님이 우리의 죄 문제를 해결해 주시려고 예수님을 보내 주신 것은 좋다. 하지만 예수님이 꼭 그렇게 처참하고 불쌍하게 십자가에서 피를 흘리며 고통 속에 죽으셔야 했는가? 하나님은 전지전능하신 분인데 다른 방법은 없었는가? 예수님이 오셔서 놀라운 능력으로 사람들을 다 구원하신다거나 지혜로운 길을 만들어 구원하실 수는 없었는가? 예수님이 하나님의 아들이시라면 그 정도는 하실 수 있었던 것 아닌가?

제시 펜 루이스Jessie Penn-Lewis는 「십자가의 도」에서 "자연계에 자연법칙이 있듯이 영적 세계에는 영적 법칙이 있다"라고 설명한다. "한 알의 밀이 땅에 떨어져 죽지 아니하면

한 알 그대로 있고 죽으면 많은 열매를 맺느니라"(요한복음 12:24). 씨앗이 죽음으로 많은 열매가 맺어지고, 출산의 고통을 겪음으로 새 생명이 태어나고, 가시고기의 희생으로 많은 새끼들이 탄생하고, 마중물을 부음으로 우물물이 솟아나는 법이다.

구원은 감사한데 십자가는 너무 처참한가? 사실 그렇다. 그러나 십자가의 처참함은 우리의 죄악의 처참함을 보여 주는 것이다. 십자가^{Cross}는 고대 페르시아나 애굽, 앗수르에서 죄수를 고문하고 죽이기 위해 사용한 나무 형틀이었다. 십자가에 매달리면 적어도 수일에서 1주일 이상 매달려 있어야 했다. 죄수는 못이 박힌 순간부터 머리와 손발에서 물과 피가 서서히 흘러나와 결국 횡경막이 내려앉고 숨을 쉴 수 없어서 심장이 멎어 죽게 된다. 십자가의 형벌은 너무나 가혹하고 치욕적이어서 로마인들에게는 행하지 않았다. 십자가형은 대개 종이나 천민, 최악의 중범죄자들에게만 적용되었다.

십자가는 우리의 죄악이 얼마나 참혹한가를 보여 준다. "죄의 삯은 사망이요"(로마서 6:23). 우리가 우리의 죄악을 담당했다면 그 참혹한 심판을 직접 받아야 했는데, 예수님께서 대신 십자가를 지심으로 비참한 죽음을 맞이하신 것이다. 그러나 그만큼 역설적으로 십자가는 우리를 향한 하나님의 사랑이 얼마나 놀라운가를 보여 준다. "우리가 아직 죄인 되었을 때에 그리스도께서 우리를 위하여 죽으심으로 하나님께서 우리에 대한 자기의 사랑을 확증하셨느니라"(로마서 5:8).

우리는 예수님께 죄송한 마음과 불쌍한 마음을 가지지만, 사실은 우리 영혼의 상태가 영원한 심판에 들어갈 수밖에 없는 참혹하고 불쌍한 상태여서 예수님께서 십자가를 지셔야만 했다. 18세기 영국과 신대륙에서 놀라운 대각성운동을 주도했던 조지 윗필드George Whitefield는 자신의 회심 체험을 이렇게 고백했다.

"오! 죄의 무게가 사라지고 수심에 잠긴 내 영혼에 하나님의 사랑에 대한 의식이 늘 자리 잡게 되었을 때… 그것은 말로 설명할 수 없는 기쁨이었고 영광으로 가득 찬 기쁨이었다!" 그는 그날 절망의 밑바닥에서 천상에 있는 하나님의 은혜의 보좌 앞으로 올림을 받는 체험을 했다고 말한다.[25]

"우리는 십자가에 못 박힌 그리스도를 전하니 유대인에게는 거리끼는 것이요 이방인에게는 미련한 것이로되 오직 부르심을 받은 자들에게는 유대인이나 헬라인이나 그리스도는 하나님의 능력이요 하나님의 지혜니라"(고린도전서 1:23-24). 하나님의 아들이 수치스러운 십자가에 달려 죽다니, 유대인도 헬라인도 이해할 수 없었다. 그것은 '신의 스캔들'("거리끼는 것"의 헬라어가 "스칸달론"이다)이었다. 그러나 하나님은 십자가의 길이야말로 우리에게 구원을 주는 하나님의 최고의 능력이요 최고의 지혜라고 말씀하신다.

종교개혁가 장 칼뱅에게 영향을 미쳤던 12세기의 수도

사 클레르보의 베르나르Bernard of Clairvaux는 말했다. "사람들이 하나님의 사랑을 논하지만, 그리스도의 사랑을 경험한 사람만이 그것이 진정 무엇인지 이해하기 시작하는 것이다." 모든 것 위에 뛰어나신 그분이 모든 것보다 나를 더 귀하게 여기셨다. 그리고 그분 자신보다 나를 더 귀하게 여기셨다. 말도 안 되는 일이다. 모든 것을 지으신 창조주께서 한낱 망가진 피조물에 불과한 나를 이토록 사랑하셨다.

한 청년이 중범죄를 저지르고 법정에 서게 되었다. 그런데 그의 재판을 담당한 판사는 다름 아닌 그의 아버지였다. 판사는 법정에서 깊은 고민에 빠졌다. 한편으로는 아들을 사랑하는 아버지였지만 또 한편으로는 정의를 집행해야 하는 공인이었다. 판사는 그에게 엄청난 벌금형을 부과했다. 그러나 판결이 끝난 후 그는 조용히 법복을 벗고 자리에서 일어나더니 내려와 아들에게 다가갔다. 그러고는 아들의 손을 잡고 말했다. "나는 판사로서 네게 벌을 내렸지만 아버지로서 네 벌금을 대신 치르겠다." 그는 아들이 감당할 수 없는 죗값을 대신 치렀고 아들은 비로소 자유를 얻게 되었다는 이야기다.

"인자가 온 것은 섬김을 받으려 함이 아니라 도리어 섬기려 하고 자기 목숨을 많은 사람의 대속물^{ransom}로 주려 함이니라"_마가복음 10:45

당신은 이 계약서에 서명하겠는가?

성경은 죄를 빚^{debt}이라고 표현한다. 왜일까? 죄를 지으면 죗값을 치르게 되기 때문이다. 죄를 짓고 공짜로 벗어나는 일은 없다. 양심에 가책이 오기도 하고, 우정과 사랑에 분열이 오기도 하고, 공동체가 깨지기도 하고, 온갖 절망과 고통이 찾아오기도 한다. 그런데 주님이 나의 죗값을 대신 지불해 주심으로 나를 자유롭게 해주신다면 이 얼마나 감사한 일이겠는가!

베드로가 한번은 예수님께 질문했다. "주여, 형제가 내게 죄를 범하면 몇 번이나 용서하여 주리이까? 일곱 번까지 하오리이까?" 나름 후하게 말했다. 그러나 예수님은 대답하셨다. "일곱 번뿐 아니라 일곱 번을 일흔 번까지라도 할지니라." 진정한 죄 용서란 완전히 그의 죄를 도말하는 것이라는 뜻이었다.

그러면서 1만 달란트 빚진 사람의 비유를 드신다. 어떤 사람이 1만 달란트를 빚졌는데 임금님이 그를 불쌍히 여겨 다 탕감하는 은혜를 베풀어 주었다. 그런데 그는 나가서 자기에게 100데나리온 빚진 친구의 먹살을 잡고 갚으라고 독촉하며 감옥에 처넣었다. 물론 100데나리온도 큰돈이다. 오늘날로 환산하면 1데나리온을 5만 원이라고 해도 5백만 원에 달하는 돈이다. 그러나 1만 달란트는 상상하기 어려운 돈이다. 환산하면 1달란트를 5억으로 봐도 1만 달란트는 5조 원이다.

    예수님이 우리의 죗값을 치러 주심이 이와 같다. 창조주이신 주님 앞에 우리는 하나님의 형상인 우리 자신을 죄로 망가뜨리고 창조의 동산인 세상을 오남용해서 망가뜨린 채무자가 아닌가. 그런데 채권자가 오히려 채무자를 쫓아다니면서 빚을 탕감해 주겠다고 하니 이 좋은 계약서에 서명하지 않을 이유가 없지 않은가. 당신은 이 계약서에 서명하겠는가?

계 약 서

갑 : 하나님

을 :

예수님이 나의 모든 죄를 십자가에서 용서해 주시고
나는 하나님의 자녀가 된 것을 믿습니다.

"영접하는 자 곧 그 이름을 믿는 자들에게는
하나님의 자녀가 되는 권세를 주셨으니"
(요한복음 1:12)

"모든 사람이 죄를 범하였으매
하나님의 영광에 이르지 못하더니
그리스도 예수 안에 있는 속량으로 말미암아
하나님의 은혜로 값 없이 의롭다 하심을 얻은 자 되었느니라"
(로마서 3:23-24)

년   월   일

서명:

4장
왜 믿음인가?

왜 행위가 아닌 믿음인가?

하나님이 제시해 주신 유일한 구원의 길이 예수님이라면, 이제 예수님을 믿는 믿음으로 구원받는 것인가, 아니면 예수님을 닮아가고자 하는 삶의 행위로 구원받는 것인가? 물론 교회에서는 믿음으로 구원을 받는다고 말하지만 뭔가 이상한 부분이 많다. 적어도 사람이 하나님께 돌아와서 신앙을 가지게 된다면 거룩한 삶을 살아야 하지 않겠는가? 대충 살면서 구원만 받았다고 말할 수 있는가?

> "우리를 구원하시되 우리가 행한 바 의로운 행위로 말미암지 아니하고 오직 그의 긍휼하심을 따라 중생의 씻음과 성령의 새롭게 하심으로 하셨나니"_디도서 3:5

하나님이 우리를 구원하신 것은 우리의 의로운 행위 때문이 아니라고 말씀하신다. 그렇다. 우리가 죄인이어서 하나님 앞에 감히 나아갈 수 없을 때 하나님이 우리에게 먼저 다가오셨다. 우리를 비난하거나 정죄하지 않으시고 우리를 불쌍히 여기셔서 우리를 구원하셨다. 그러므로 우리의 구원은 우리의 선한 행위나 종교적 행위 때문이 아니라 그분의 사랑과 긍휼 때문이다.

우리를 구원하시려고 예수님의 보혈로 우리의 모든 죄를 씻어 주셨고, 성령님께서 우리 안에 내주하셔서 우리를 거룩하게 변화시켜 가신다. 우리가 종교적 고행을 해서 구원을 받을 수 있다면 얼마나 강하게 해야 하는가? 우리가 도덕적 선행을 해서 구원을 받을 수 있다면 얼마나 자주 해야 하는가? 여기에는 절대적인 기준이 있을 수 없다. 인간의 행위는 매우 상대적인 것이 아닌가. 그러나 십자가에서 우리의 죄를 용서해 주신 예수님의 은혜를 받아들이는 것은 '믿을 것인가, 말 것인가'라는 양단간에 결정일 뿐이다.

어떤 한 청년이 학비와 생활비 때문에 큰 빚을 지고 있었다. 그는 여러 가지 아르바이트를 하며 생활비를 충당하고 빚을 갚으려 했지만 갈수록 빚은 커져만 갔다. 그러던 어느 날 한 후원자가 그의 이야기를 듣고 거액의 장학금을 그의 계좌에 입금해 주었다. 그러고는 그에게 말했다. "빚을 다 갚을 만큼 충분하게 입금했으니, 이제는 걱정하지 말고 새 삶을 살아라."

하지만 청년은 그 말을 도저히 믿을 수가 없었다. 그래서 여전히 일을 하며 힘겹게 빚을 갚아가다가 결국 과로로 쓰러지고 말았다. 그러다가 은행에서 온 편지를 본 뒤 그는 자신의 계좌에 정말 거액이 입금되었음을 알게 되었다. 그제야 그는 깨달았다. "나는 이미 자유로워질 수 있었는데, 나의 믿음 없음이 나를 계속해서 고통 가운데 머물게 했구나."[26]

하나님의 구원은 인간에게 자력 구원 self-salvation이 불가능하기 때문에 그분이 전적인 은혜로 베풀어 주신 것이다. 하나님이 나의 모든 죄의 빚을 탕감해 주셨다는 사실을 믿는 사람은 자유를 얻게 된다. 오노다 히로의 이야기를 아는가? 그는 일본군 장교였는데 2차 대전이 끝났는데도 그 사실을 믿지 못한 채 29년 동안 필리핀 정글에 숨어서 두려움 속에 살았던 사람이다. 혹시 당신은 당신의 죗값이 다 사라진 것을 모른 채 그처럼 살고 있지는 않은가?

어느 산속 깊은 곳에서 한 수도사가 금식을 하며 수행하고 있었다. 그는 세상 유혹에서 벗어나려고 혼자 수도 생활을 했지만 마음에 평안도 없었고 구원의 확신도 없었다. 그러던 어느 날 마을에 내려가 한 수도사를 만나게 되었는데, 그는 가난한 이들을 돕고 아픈 자들을 돌보며 기쁨이 충만한 삶을 살고 있었다.

그는 마을의 수도사에게 물어보았다. "나는 산속에서 금식하고 기도하며 수도 생활을 하는데도 마음에 평안이 없는데 당신은 어떻게 그렇게 기쁘게 삽니까?" 그러자 그가 대답했다. "저는 구원을 얻기 위해 선행을 하는 것이 아니라 이미 받은 구원의 기쁨을 나누고 있을 뿐입니다." 산속 수도사는 그제야 깨달았다. 자신은 아직도 자기 노력으로 구원을 이루려 했지만, 마을의 수도사는 이미 하나님의 은혜로 구원받은 것을 믿고 그 기쁨을 나누고 있었다.[27]

그러면 우리가 하는 일은 전혀 없는가?

믿음으로 구원받는 것은 아무 일도 하지 않는다는 뜻이 아니다. 믿음은 관계를 시작하는 가장 중요한 기초가 되기 때문이다. 하나님이 우리를 사랑하셔서 예수님을 보내셨다는 사실을 믿는 것, 그것이 하나님과의 관계의 시작점이다.

"믿음이 없이는 하나님을 기쁘시게 하지 못하나니 하나님께 나아가는 자는 반드시 그가 계신 것과 또한 그가 자기를 찾는 자들에게 상 주시는 이심을 믿어야 할지니라"(히브리서 11:6). 이 말씀대로 하나님을 만나고 싶은 사람은 첫째로 하나님의 존재를 믿어야 하고, 둘째로 하나님의 선하심을 믿어야 한다.

우리도 누군가를 만날 때 그 사람에 대해서 불신이 가득하면 무슨 이야기를 나눠도 신뢰가 가지 않고 아무리 오랜 시간을 만나도 가까워질 수 없다. 하나님은 우리에게 일방적으로 구원의 은혜만 베푸시는 분이 아니라, 우리에게 하나님에 대한 믿음의 반응과 태도를 원하시는 분이다.

선한 사람은 구원받을 수 있어야 하지 않는가?

사실 세상에서 마음대로 살던 사람이 자신은 예수님을 믿고 죄 사함 받아서 구원을 받는다고 하면 거부감이 들지 않는가. 반대로 정말 선하게 사는 사람이 예수님을 믿지 않는다는 이유 하나 때문에 구원을 받을 수 없다고 하면 실망감이 들지 않는가.

그래서 어떤 이들은 너무나 억울하다고 말한다. 교회에 안 다녀도 정말 법 없이 살 것처럼 선한 사람이 있는가 하면, 교회에 다녀도 여전히 엉망으로 살아가는 사람들이 있기 때문이다. 왜 그럴까? 인간적인 기준에서 볼 때 선한 사람과 악한 사람이 있다. 하지만 하나님의 절대 선의 기준에서 보면 사실 모두 죄 많은 인생일 뿐이다.

어느 학교에서 중요한 시험을 치렀다. 두 학생이 시험을 보았는데 한 학생은 90점을 받았고 다른 학생은 50점을 받았다. 90점을 받은 학생은 자신이 높은 점수를 받았으니 합격하리라고 생각했고, 50점을 받은 학생은 점수가 낮아서 불합격일 것으로 생각했다. 그러나 교사는 두 학생에게 말했다. "합격 기준은 100점이다. 그러므로 두 사람 모두 불합격이다."

90점을 받고도 불합격이 된 학생은 큰 충격을 받았다. 50점을 받았던 학생은 자신이 불합격된 것이 당연하다고 생각했다. 교사는 이어서 말했다. "여러분이 아무리 노력해도 100점을 받을 수는 없다. 그러나 특별한 은혜로 여러분의 점수를 100점으로 채울 수 있는 길이 있으니, 이것을 받아들이면 합격 처리가 된다." 이에 50점을 받았던 학생은 뛸 듯이 감사했지만, 90점을 받았던 학생은 공평하지 않다고 자신의 노력이 인정되지 않았다고 불평했다.

성경은 스스로 의인이라고 생각하는 사람들이 오히려 천국에 들어가기가 어렵고, 자신이 죄인이라는 것을 뼈저리게 깨닫는 사람들이 오히려 천국에 들어가기가 쉽다고 말한다. 그래서 예수님 시대에 종교적 선행과 수행으로 무장하면서 속으로는 교만했던 바리새인들은 예수님에게 가장 많이 혼났고, 오히려 세리와 창기와 죄인들은 죄 용서를 받을 수 있었다.

예수님께서 포도원 품꾼의 비유를 드신 적이 있다. 포도원 주인이 인력 시장에 있는 사람들을 불러 일당 한 데나리온에 포도원에서 일을 하게 한다. 그런데 새벽 6시뿐 아니라 오전 9시, 낮 12시, 오후 3시, 그리고 오후 5시까지 사람들을 불러다 일을 시켰다. 그러고는 마감 후에 정산을 하는데, 1시간 일한 사람에게 한 데나리온을 주니까 이들은 너무나 감사해한다. 그러나 새벽 6시에 온 사람들에게도 똑같이 한 데나리온을 주니까 이들은 주인에게 화를 낸다.

"나중 온 이 사람들은 한 시간밖에 일하지 아니하였거늘 그들을 종일 수고하며 더위를 견딘 우리와 같게 하였나이다"(마태복음 20:12). 그들의 불평은 일리가 있는 말이었다. 그런데 주인은 이렇게 대답한다. "친구여 내가 네게 잘못한 것이 없노라 네가 나와 한 데나리온의 약속을 하지 아니하였느냐 … 나중 온 이 사람에게 너와 같이 주는 것이 내 뜻이니라 내 것을 가지고 내 뜻대로 할 것이 아니냐 내가 선하므로 네가 악하게 보느냐"(마태복음 20:13-15).

무슨 뜻으로 하신 말씀인가? 당시 품꾼의 일당은 한 데나리온이 맞았다. 그러므로 한 데나리온을 준 것은 합당한 처사였다. 오히려 늦게 온 사람들에게도 한 데나리온을 준 것이 주인이 은혜를 베푼 것이었다. 일찍 온 사람들은 주인이 은혜 베푼 것에 문제를 제기했다. 그러나 주인의 생각은 달랐다. 당시에는 일거리가 없어서 놀 수밖에 없는 가난한 사람들이 너무나 많았기에, 일할 수 있는 기회가 주어진 것 자체가 은혜였던 것이다.

안타깝게도 스스로 선하다고 생각하는 사람들은 은혜 의식이 결여되어 있다. 그리고 역설적으로 스스로 죄인이라고 생각하는 사람들은 은혜 의식이 가득하다. 사실 하늘 위에서 보면 소형차도 중형차도 대형차도 다 하나의 점으로 보이지 않겠는가. 하나님이 보시기에 인간은 모두 구원의 은혜가 필요한 죄인들이다. 깨끗한 물에 검정 물감 한 방울을 떨어뜨리든, 한 통을 붓든 변색되는 것은 매한가지다.

30세에 신학 공부를 시작해서 1755년 영국 성공회 사제가 된 인물이 있었다. 그는 평생을 노예 해방을 위해 목숨을 바쳤고, 그의 설교는 많은 이들의 영혼을 감화시켰다. 고매한 인품으로 존경받았던 이 사람은 바로 존 뉴튼$^{John\ Newton}$이다. 그는 임종하는 마지막 순간까지도 "나 같은 죄인을 살려주시다니, 주님의 은혜는 너무나도 놀랍다!"라는 고백을 했다. 사실 젊은 시절 그는 노예선을 이끌던 선장이었기 때문이다. 그가 평생의 신앙고백을 담아 작사한 곡이 바로〈나 같은 죄인 살리신$^{Amazing\ Grace}$〉이다.

"죄가 더한 곳에 은혜가 더욱 넘쳤나니"(로마서 5:20). 젊은 시절 그리스도인들을 잡아다가 투옥하고 처형했던 사울은 예수님을 만나고 극적으로 변화되어 당대에 세계 선교를 완성하는 위대한 인물이 되었지만, 평생에 고백한 말은 이것이었다. "미쁘다 모든 사람이 받을 만한 이 말이여 그리스도 예수께서 죄인을 구원하시려고 세상에 임하셨다 하였도다 죄인 중에 내가 괴수니라"(디모데전서 1:15).

하나님은 왜 절대평가를 하시는가?

절대자 하나님의 평가는 상대평가가 아니라 절대평가라는 사실을 알아야 한다. 사람들은 종종 자신이 남들보다 상대적으로 선하고 괜찮게 살아왔다고 생각한다. 하지만 하나님의 절대적인 의의 기준 앞에서는 모든 사람이 동일하게 불완전한 존재다. 그래서 인간의 종교적인 의, 도덕적인 의로는 하나님의 절대 선의 기준에 합격할 수가 없다.

대학생 때 원불교 학생회장을 하던 친구가 있었다. 함께 앉아서 식사하다가 내가 질문했다. "친구야, 원불교에도 구원이라는 개념이 있어?" "그럼, 있지." "그러면 어떻게 해야 구원을 얻는데?" "선행을 통해서 구원을 얻는 거지." 그래서 나는 다시 질문했다. "그러면 선행을 수치화해서 100점 만점이라고 할 때, 세상의 어떤 사람도 100점 만점이나 완전 0점은 없을 텐데, 몇 점부터 구원을 받을 수 있어? 90점부터는 구원을 받을 수 있어?"

당연히 친구는 대답할 수 없었다. 그래서 나는 친구에게 다시 질문했다. "만약에 90점이 구원을 받을 수 있는 점수라고 할지라도 89.9점은 반올림을 해줄 거야, 말 거야?" 친구는 아무 말이 없었다. 어느 종교든 진지하게 신앙생활을 한다면 선행은 필수 덕목에 해당한다. 그러나 안타깝게도 그것으로 잠시의 위안은 얻을 수 있어도 궁극적인 구원은 얻을 수 없다.

모든 종교는 인간의 행위를 구원의 기준으로 삼는 상대평가다. 불교, 힌두교, 이슬람교 등 모든 종교가 행위의 선함을 장려한다. 물론 기독교도 행위의 선함을 장려한다. 하지만 다른 종교는 인간의 선한 행위로 구원에 이른다고 말하지만, 성경만은 그것으로 구원에 이를 수 없다고 말한다. 우리는 여러 신들 가운데 하나의 신을 믿는 것이 아니라, 절대자이신 하나님을 믿는 것이기 때문이다.

행위 구원은 인간이 만든 종교에서 나온 상대적 관점에 기초한다. 반면 절대적인 선과 의의 기준을 갖고 계시는 하나님은 절대평가를 하시는 분이다. 그런데 문제는 세상에 완벽한 사람은 존재하지 않는다는 사실이다.

왜 하나님께서 예수 그리스도를 우리에게 유일한 구원의 길로 제시해 주셨는가? 우리는 모두 불완전한 존재들이기 때문이다. 모두 불합격이기 때문에, 예수님이 우리의 불완전함을 끌어안으시고 그분의 완전함을 우리에게 덧입혀 주셨다. 그래서 놀랍게도 전부 불합격인데 전부 합격 처리를 해주시겠다는 것이다!

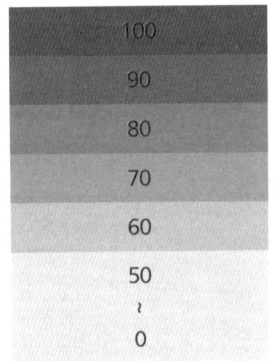
상대평가 : 행위 = 기준

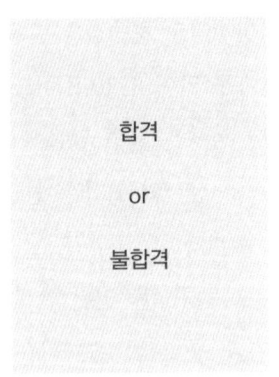
절대평가 : 믿음 = 기준

두 사람이 하나님의 심판대 앞에 섰다. 하나님께서 그들에게 물으셨다. "너는 왜 내가 준비한 천국에 들어와야 하느냐?" 한 사람이 자신 있게 대답했다. "저는 평생 선한 일을 많이 했습니다. 남을 돕고 거짓말하지 않고 정직하게 살았습니다. 저는 다른 사람들보다 착하게 살았기 때문에 천국에 들어갈 자격이 있다고 생각합니다."

두 번째 사람은 고개를 숙이며 조용히 말했다. "주님, 저는 자격 없는 죄인입니다. 하지만 예수님께서 저의 죄를 위해 십자가에서 죽으셨고 저는 그 죄 사함의 은혜를 믿고 의지합니다." 그러자 하나님께서 첫 번째 사람에게 말씀하셨다. "너는 네 행위를 내세웠지만 누구도 자신의 선행으로 천국에 들어올 수는 없다." 그러고는 두 번째 사람에게 손을 내밀며 말씀하셨다. "내 아들의 보혈이 너를 깨끗하게 하였으니 천국에 들어오거라."[28]

> "내가 진실로 진실로 너희에게 이르노니 내 말을 듣고 또 나 보내신 이를 믿는 자는 영생을 얻었고 심판에 이르지 아니하나니 사망에서 생명으로 옮겼느니라"_요한복음 5:24

스스로 책임지겠다는 말도 맞는 말 아닌가?

어떤 미신자에게 복음과 예수님의 십자가 구원에 대해서 설명해 주었더니 이렇게 말했다. "아니 내가 언제 내 문제에 대해서 도와달라고 했나요? 내게 잘못이 있으면 내가 책임을 져야지요." 그래서 내가 말했다. "내가 책임질 수 없는 수준의 문제이기 때문에 그분이 책임져 주시는 것입니다." "내가 내 죄 때문에 지옥에 가야 하면 가면 되죠." "글쎄요. 그것은 지옥이 얼마나 끔찍하고 두려운 곳인지 가 보지 않아서 하시는 말씀입니다. 그날에 후회를 한들 소용이 없습니다."

어떤 사람이 항해하다가 갑작스러운 폭풍우를 만나 배가 침몰하고 말았다. 다행히도 그는 수영을 잘했기 때문에 해안을 향해 전력으로 헤엄을 치기 시작했다. 그때 구조선이 다가오더니 그에게 구명보트를 던지며 외쳤다. "구명보트를 잡으세요! 그래야 살 수 있습니다!" 그러나 그는 "괜찮습니다! 제가 해낼 수 있습니다!"라고 말하며 거절했다. 구조선은 떠났고 그는 시간이 갈수록 급속도로 지쳐가다가 점점 가라앉게 되었다.[29]

물론 성인이 된다는 것은 자기 인생에 대해 스스로 책임을 지는 것이다. 자기 말에 책임지고 자기 행동에 책임지는 것이다. 그러다 보니 도덕적으로 책임감 있게 살아왔던 사람들이 종종 자신이 책임지겠다는 말들을 한다. 요즘 들어서 부쩍 이렇게 반응하는 분들이 많아졌다. 그러나 정말 내 인생의 모든 것을 깔끔하게 내가 다 책임지고 사는 것이 가능할까? 이미 하나님이 주신 자연 안에서 하나님이 주신 공기를 마시고 하나님이 주신 음식을 먹으며 하나님이 보내주신 사람들과 살고 있지 않은가?

> "네 짐을 여호와께 맡기라 그가 너를 붙드시고 의인의 요동함을 영원히 허락하지 아니하시리로다"_시편 55:22

인생의 무거운 짐을 지고 가다가 홀로 쓰러지는 사람들을 많이 보았다. 내 힘으로, 내 지혜로 다 책임지겠다고 살아가다가 부부간 불화, 자녀의 방황, 갑작스러운 사업의 실패, 암 발병 등 도저히 스스로 해결할 수 없는 난관 앞에서 주저앉고 절망하는 이들을 만나게 된다. 주님은 그들에게 이제는 혼자 애쓰다가 지치지 말고 주님께 짐을 맡기라고 말씀하신다.

"수고하고 무거운 짐 진 자들아 다 내게로 오라 내가 너희를 쉬게 하리라"_마태복음 11:28

한 농부가 시골길에서 경운기를 몰고 가고 있었다. 그런데 어떤 할머니가 머리에 짐을 한가득 이고 가시는 게 아닌가. 농부는 너무나 안쓰러운 마음이 들었다. "할머니, 어디까지 가세요? 제가 태워 드릴게요." 할머니는 연신 고맙다고 인사하시며 경운기에 타셨다. 농부가 한참 경운기를 운전하고 가다가 뭔가 느낌이 이상해서 뒤를 돌아다보았다. 그런데 할머니가 여전히 짐을 머리에 이고 계시는 게 아닌가! "아니, 할머니, 편하게 가시라고 태워 드렸는데 왜 아직도 짐을 이고 계세요?" 할머니가 대답했다. "아이고, 이렇게 태워 준 것만도 고마운데 미안해서 어떻게 짐을 내려놓는가?"

왜 믿음만 강조하는가?

신앙의 본질이 행위가 아니라 믿음이라 할지라도, 갈등이 생길 때가 있다. 믿음이 있다고 하면서도 거룩한 삶을 살지 않는 사람들 때문에 교회가 싫어지는 경우다. 물론 저런 그리스도인이라면 나도 교회에 가겠다고 말하는 경우도 있다. 하지만 요즘은 저런 그리스도인이라면 절대로 교회에 가고 싶지 않다고 말하는 사람들이 갈수록 많아지고 있다.

믿음이 있다면 행함도 있어야 하는 게 아닌가? 믿음이 있다고 하면서 행함이 없는 사람들은 신앙에 문제가 있는 것이 아닌가? 그래서 성경에서도 믿음과 행함의 균형에 대해서 말하고 있다.

> "만일 형제나 자매가 헐벗고 일용할 양식이 없는데 너희 중에 누구든지 그에게 이르되 평안히 가라, 덥게 하라, 배부르게 하라 하며 그 몸에 쓸 것을 주지 아니하면 무슨 유익이 있으리요 이와 같이 행함이 없는 믿음은 그 자체가 죽은 것이라"_야고보서 2:15-17

하나님으로부터 죄 용서라는 엄청난 은혜를 경험한 사람은 그 은혜를 나누지 않을 수가 없다. 생각해 보라. 물을 컵에 가득 부으면 넘쳐서 흐르지 않을 수 없다. 집중 호우가 내리면 강이 범람하여 곳곳에 물이 흘러가지 않을 수 없다. 그래서 하나님의 압도적인 은혜가 이웃에게까지 흘러가게 되는 법이다.

어려운 이웃을 돕고, 아픈 사람을 위해 눈물로 기도하고, 소외된 사람의 친구가 되어 주는 것은 신앙이 있는 사람에게는 자연스러운 삶의 결과라고 볼 수 있다.

"네가 보거니와 믿음이 그의 행함과 함께 일하고 행함으로 믿음이 온전하게 되었느니라"_야고보서 2:22

믿음과 행함의 순서는 분명하게 있지만, 이 둘은 상호 보완적인 관계에 있다고 성경은 말하고 있다. 하나님은 아브라함이 자녀가 전혀 없었을 때 하나님의 약속을 온전히 믿었다는 것만으로도 그를 의롭게 여겨 주셨다(창세기 15:6). 하지만 외아들을 바치라는 명령에 기꺼이 순종하는 모습을 보시며 그가 정말 하나님을 신뢰하고 있음을 인정해 주시기도 했다(창세기 22:12). 아브라함은 믿음의 조상이면서 동시에 믿음으로 순종의 행동을 보여 드린 조상이 되었다.

그래서 믿음과 행함은 함께 가야 한다. 믿음이 있다고 하면서 행함이 없는 것은 마치 영혼은 있는데 육체의 생명이라는 실체가 없는 것과 같다. 예수님을 따르는 삶은 말로만 되는 것이 아니라 실제적인 실천이 동반되어야 한다. 믿음이란 단순한 지식이 아니라 삶의 변화이며, 행동으로 증명되는 것이기 때문이다.

믿음과 행함은 어떤 관계인가?

물론 행함도 중요하다. 그래야만 신앙이 성숙해지기 때문이다. 다만 행함으로 구원을 받는 것은 아니다. 그러므로 순서를 정리해 보면, 행함 다음에 구원이 아니라 구원 다음에 행함이 따라오는 것이다. 말하자면 행위는 선행적인 것이 아니라 후속적이고 결과적인 것이다.

행위 구원 : 행위 ➡ 구원

믿음 구원 : 믿음 ➡ 구원 ➡ 행위

우리는 행위로 구원받지 못한다. 하지만 구원받은 뒤에는 행위가 따라오는 것이 정상이다. 그러면 행위가 어느 정도 따라와야 하는가? 그것은 하나님의 은혜를 받은 만큼, 깨달은 만큼, 감동된 만큼 따라오는 법이다. 그래서 성경은 윤리도덕을 말하지 않고 하나님의 은혜를 말한다. 은혜를 받은 사람은 삶의 변화가 자연스럽게 따라오기 때문이다.

가끔 성도님들이 찾아와서 거룩하게 살고 싶은데 잘 안 된다고, 어떻게 실천하며 살아야 하냐고 묻는 경우가 있다. 그러면 나는 그분들에게 이렇게 저렇게 살아야 한다고 구체적으로 말하지 않는다. 오히려 이렇게 권면한다. "하나님을 더 인격적으로 알아가고 깊이 사귀어 보십시오. 하나님을 뜨겁게 사랑하게 되면 사랑하는 만큼 살아낼 수 있게 됩니다."

분명히 우리의 구원은 믿음 구원이다. 오직 믿음으로 구원받는다. 그러나 신앙의 제1장 "믿음"에만 멈춰 있으면 반드시 문제가 생긴다. 무슨 문제가 생기는가? 구원의 확신이 흔들린다. '내가 이렇게 엉망으로 살고도 구원받았다고 할 수 있을까?'라는 생각이 든다. 다른 사람들도 "저 사람은 저렇게 살면서 하나님의 자녀라고 말할 수 있나?"라고 문제를 제기한다. 즉 믿음이 있어도 삶의 변화가 뒤따라오지 못하면, 믿음 자체도 흔들리게 된다.

따라서 하나님의 전적인 구원의 은혜를 믿음으로 신앙생활을 시작했다면, 이제는 신앙의 제2장 "성화", 즉 거룩한 삶의 단계로 들어가야 한다. 이렇게 진도가 나가야만 건강한 성도로 자라갈 수 있다. 학생들도 학교에 입학은 했는데 공부도 안 하고 수업도 안 들어오고 계속 낙제 점수만 받다 보면 '내가 학생이 맞나? 계속 학교 다니는 게 맞나?' 이런 생각이 들 수밖에 없다.

오늘날 현대교회가 "믿음 구원"만 강조하고 성화에 대해서는 강조하지 않다 보니, 그리스도인으로서의 신앙적 정체성이 흔들리는 사람들이 많아지고 있다. 교회를 떠나기도 하고, 아예 하나님을 떠나거나 신앙을 저버리기도 하고, 냉담에 빠지거나 신앙에 대해 회의를 갖기도 한다. 이제 한국교회는 건강하게 신앙의 진도를 나가야 할 때다.

그러면 그리스도인의 신앙 여정은 어떻게 되는가?

그리스도인이 평생에 걸쳐 가게 되는 신앙 여정은 다음의 여섯 가지 단계로 설명할 수 있다.

> "하나님이 ①**미리 아신 자**들을 또한 그 아들의 형상을 본받게 하기 위하여 ②**미리 정하셨으니** 이는 그로 많은 형제 중에서 맏아들이 되게 하려 하심이니라 또 미리 정하신 그들을 또한 ③**부르시고** 부르신 그들을 또한 ④**의롭다 하시고** 의롭다 하신 그들을 또한 ⑥**영화롭게** 하셨느니라"_로마서 8:29-30

어떤 운전자가 여행을 떠났다. 그는 미리 GPS를 설정하여 목적지를 입력했고 내비게이션은 가장 빠르고 안전한 길로 안내해 주었다. 하지만 운전자는 때로 다른 경로를 선택하기도 했고, 어떤 때는 잘못된 길로 들어서기도 했다. 하지만 GPS는 운전자의 선택을 모두 알고 있는 것처럼, 길을 잘 못 들어서도 계속 새롭게 경로를 안내해 주며 그가 최종 목적지에 도착할 수 있도록 도와주었다.

이처럼 하나님은 우리의 선택을 미리 알고 계시지만 동시에 우리가 천국이라는 목적지에 도달할 수 있도록 예정하시고 도우시는 분이다. 우리가 때로는 실수하고 때로는 마음대로 간다고 할지라도 하나님은 그 모든 선택을 아시고 다시금 우리를 바른길로 인도해 주신다.[30]

3장에서 예정론과 만인구원론을 비교하며 기본적인 설명을 했다. 어떤 이들은 하나님이 모든 것을 미리 아시면서도 내게 고난을 허락하시고 인류를 고통의 역사 가운데 두신다며 하나님을 원망한다. 하지만 이것은 예지와 예정에 대해서 바르게 이해하면 해소될 수 있는 의문이다.

예지는 전지하신 하나님Omniscient God이 미리 모든 것을 아신다는 뜻이지, 하나님이 도덕적으로나 심정적으로 비뚤어지신 분이라 악한 일들을 미리 알고도 방조하거나 조장하신다는 뜻이 아니다. 가령 이렇게 생각해 보자. 부모가 바닷가로 여행을 갈 때 아이가 자칫하면 위험에 빠질 수 있다는 것을 아는가, 모르는가? 당연히 안다.

부모는 아이에게 너무 깊은 곳에 가지 말라고 주의를 주고 바닷가에 데려간다. 그런데 만약 아이가 부모의 말을 듣지 않고 깊은 바다에 들어가 위험에 처했다고 하자. 그렇다고 해서 부모가 아이를 해치려고 바닷가에 데려왔다고 말할 수 있는가? 결코 그럴 수 없다. 그것은 그 부모가 아니라 그런 말을 하는 사람들이 비정한 것이다.

어떤 성도가 병환 중인 어머님을 위해 2년간 기도했는데 어머니가 돌아가셨다. 그는 인생이 고난이 될 것을 아시면서도 창조하신 하나님을 원망하며 그런 하나님은 믿지 않겠다고 내게 이메일을 보내왔다. 그분에게 교리적으로 신학적으로 설명해 드려도 받아들이지 않았다.

그래서 마지막으로 그분에게 반문했다. "그러면 형제님은 왜 결혼하셨나요? 자녀는 왜 낳으셨나요? 결혼해서 자녀를 낳으면 그 자녀가 항상 행복할 것이라고 기대하셨나요? 때로는 어려움을 겪기도 하고, 절망하기도 하고, 왜 나를 낳았냐고 부모를 원망하기도 하고 그럴 것을 모르셨나요? 그러면 형제님은 자녀를 괴롭히려고 그 아이를 낳으셨나요? 아니죠. 사랑하기 때문에 자녀를 낳게 되었고, 그 자녀가 행복하기를 바라며 최선으로 사랑하고 돌보는 것이죠. 그것이 부모와 자녀의 관계입니다. 그리고 그것이 하나님과 우리의 관계입니다."

그리스도인의 신앙 여정을 간단히 점검해 보자. 1단계는 예지, 2단계는 예정, 3단계는 부르심, 4단계는 칭의, 5단계는 성화, 6단계는 영화다. '예지'는 하나님이 우리를 이미 영원부터 알고 계셨다는 것이다. '예정'은 하나님이 우리를 하나님의 자녀로 이미 정하셨다는 것이다. '부르심'은 그 하나님께서 우리를 인생의 어느 시점에서 자녀로 부르신 것이다. '칭의'는 우리에게는 아무 공로가 없지만 예수님의 십자가 대속의 은혜를 온전히 의지할 때 의로운 하나님의 자녀가 되었다고 불러 주신다는 것이다. '성화'는 이제 하나님의 자녀 된 우리가 자녀답게 거룩하게 살아가는 평생의 과정이다. '영화'는 우리가 하나님 나라에 들어가는 날 영원히 영광스러운 부활체를 입고 살게 되는 것이다.

로마서 8장 19-20절을 보면 5단계(성화)가 빠져 있는 것처럼 보인다. 그런데 사실 로마서 5-8장 전체가 "성화"라는 주제를 다루고 있다. 그리고 성화라는 큰 틀 안에서 신앙 여정 6단계를 언급한 것이다.

한 광부가 깊은 광산에서 희귀한 원석을 발견했다. 그는 그것을 손에 쥐고 기뻐하며 말했다. "이 돌은 지금은 별 볼 일 없어 보이지만 매우 귀한 보석이 되겠구나!" 그러고는 보석 세공사에게 가져갔다. 세공사는 오랜 시간 원석을 다듬고 연마하며 깎아 나갔다. 원석은 단단했고 때로는 어려움도 있었지만, 그는 인내하며 정성껏 원석을 가다듬었다. 드디어 완성된 다이아몬드는 누구나 감탄할 만한 아름다운 보석이 되었다.

성화는 원석이 연마되는 과정과 같다. 하나님은 우리를 그리스도의 형상을 닮아가도록 하기 위해 다듬어 가신다. 그 시간은 평생의 힘든 과정이 아닐 수 없다. 하지만 영화는 연마가 끝난 후 다이아몬드가 완전한 보석이 된 상태와 같다. 천국에서 하나님 앞에 서게 될 때 우리는 완전히 정결하

고 온전한 하나님의 자녀가 되어 있을 것이다.[31]

구원에는 세 가지 시제가 있다고 한다. 첫째는 과거 완료다. "내가 예수님의 십자가 죄 사함을 믿은 순간, 나는 이미 구원받았습니다!"라고 고백하는 것이다. 이것은 칭의에 해당한다. 내가 그렇게 살아낸 것도 아니고, 내가 아직 완성된 것도 아닌데, 하나님은 이미 내가 구원받았다고 선언해 주신다. 그래서 구원의 첫 번째 시제는 과거 완료다.

둘째는 현재 진행이다. "나는 여전히 날마다 예수님이 나를 죄와 절망에서 구원해 주시는 것을 체험하고 있습니다!"라고 고백하는 것이다. 이것은 성화에 해당한다. "두렵고 떨림으로 너희 구원을 이루라(continue to work out your salvation with fear and trembling)"(빌립보서 2:13). 이미 구원받았다고 선포해 주셨지만, 그에 합당하게 살고자 매일 복음의 원동력과 성령님의 감화력을 의지하여 거룩한 삶의 여정으로 나아가는 것이다. 그래서 구원의 두 번째 시제는 현재 진행이다.

셋째는 미래 완료다. 우리가 천국에 들어가는 그날, 우리의 구원은 완성되고 영원히 완료될 것이다. 우리는 부활의 첫 열매 되신 예수님을 따라서 영광스러운 부활체를 입을 뿐 아니라, 아무런 흠도 죄도 없는 완전한 하나님의 자녀가 되어서 영원토록 하나님을 찬양하며 기뻐하는 삶을 살게 될 것이다. 그래서 구원의 세 번째 시제는 미래 완료다.

종종 비행기를 보면 놀랍다. 에어버스 A380의 이륙 시

무게는 무려 560톤에 달한다. 어떻게 이런 무거운 동체가 비상하는 것일까? 그것은 강력한 엔진의 힘과 연료의 공급 때문에 가능하다. 성화도 마찬가지다. 죄의 중력이 아무리 세게 잡아당겨도 복음의 엔진을 달고 성령의 기름부음을 받으면 성화의 활주로를 내리 달려 하나님의 은혜의 창공을 비상할 수 있다.

여전히 죄의 중력이 작용하지만, 그보다 강력한 복음의 능력과 성령님의 감화력으로 우리는 마치 죄의 중력이 아무 힘도 발휘하지 못하는 것처럼 영적인 비상의 삶을 살 수 있다. 다만 성화의 과정은 매 순간 죄의 중력을 벗어나 계속해서 전진해 나아가는 지속적인 과정이다. 그렇게 우리의 영적 전쟁의 여정은 평생 이어진다. 마침내 우리가 영화의 지점, 천국문 앞에 서는 그날까지 계속된다.

왜 믿음을 선물이라고 하는가?

믿음은 사람 안에서 나오는 것이다. 그런데도 왜 믿음을 하나님의 선물이라고 하는가?

> "너희는 그 은혜에 의하여 믿음으로 말미암아 구원을 받았으니 이것은 너희에게서 난 것이 아니요 하나님의 선물이라 행위에서 난 것이 아니니 이는 누구든지 자랑하지 못하게 함이라"_에베소서 2:8-9

구원도 하나님의 값없는 선물이지만, 믿음도 하나님의 선물이다. 믿음은 믿을 만한 사람에 대한 반응이기 때문이다. 상대방이 믿을 만하기 때문에 믿음이라는 반응이 생길 수 있는 법이다. 그래서 일반적으로도 믿음을 주는 사람, 믿음을 주는 기업이라는 표현을 쓴다.

하나님은 미쁘신 분이다. "우리는 미쁨이 없을지라도 주는 항상 미쁘시니(If we are faithless, He will remain faithful)"(디모데후서 2:13). 하나님이 미쁘시다는 것은 하나님이 신뢰할 만한trustworthy 분이시라는 뜻이다. 아무리 좋은 사람이라도 실망감을 줄 때가 있지만, 하나님은 언제나 우리에게 믿음을 주시는 분이다.

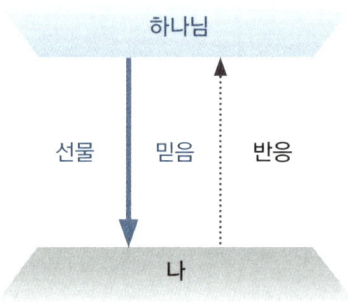

하나님을 인격적으로 알아가라. 많은 군중 가운데 만나는 하나님이 아니라 나의 아버지, 나의 하나님으로 하나님을 알아가라. 그래서 성경은 구원을 믿음의 차원에서 설명

하기도 하지만 앎이라고도 말한다. "영생은 곧 유일하신 참 하나님과 그가 보내신 자 예수 그리스도를 아는 것이니이다"(요한복음 17:3). 그리고 구원을 사랑의 차원으로도 말한다. "그의 많은 죄가 사하여졌도다 이는 그의 사랑함이 많음이라"(누가복음 7:47).

때로 사람들은 천국에 가려면 구원의 교리를 수학 공식처럼 외워야 한다고 생각한다. 또는 입교나 세례 같은 통과의례를 거치면 천국에 갈 것으로 생각한다. 하지만 천국은 아버지 집이다. 하나님 아버지는 우리와 인격적으로 만나기 원하시며 교제하기 원하신다. 그것이 신앙이고 그것이 곧 천국이다. 천국은 그런 인격적 관계로 들어가는 것이다.

5장

왜 교회인가?

과연 교회가 필요한가?

믿음이란 하나님과 나 사이의 개인적인 관계인데, 굳이 제삼자를 개입시킬 필요가 있는가? 한국교회가 부흥의 정점에서 꺾이게 된 이유가 있다면, "하나님은 좋지만 교회는 싫다"라는 생각이 사람들 안에 자리 잡기 시작하면서부터일 것이다. 교회 공동체 안에서 일어나는 갈등과 반목, 주도권 싸움, 세속적인 문제들로 인해 교회에 대한 기대감은 사라지고 실망감만 커져 버리지 않았는가.

게다가 팬데믹 3년 동안 현장 모임을 하지 못한 채 온라인으로만 예배드리는 것이 익숙해지면서, 팬데믹이 끝났는데도 교회로 돌아오지 않는 가나안 성도가 75만 명이나 된다고 한다. 그러면서 무너진 교회가 1만 5천 개에서 3만 5천 개에 이른다고 한다. 정말 도미노처럼 교회들이 무너져가고 있다.

일본 기독교의 경우에는 무교회주의無敎會主義, non-church movement를 지지하는 이들 중에 존경받는 인물들이 많았다. 이들은 하나님도 믿고 성경도 믿지만 유형의 교회가 아닌 무형의 교회를 지지한다. 기존의 교회 제도나 의식을 부정하고 성서 중심의 신앙생활을 강조한다. 하지만 성경이 교회를 말씀하고 있지 않은가. 성경을 통해 교회 공동체를 아름답게 세우라고 하셨는데 우리가 교회를 포기한다면 비성경적인 결정이 되지 않겠는가.

구약 바벨론 시대에 예루살렘 성전이 파괴된 후 더 이상 성전 중심의 신앙생활을 할 수 없어서 성서 중심의 신앙생활을 했던 적이 있다. 하지만 그때와 지금은 다르지 않은가. 지금은 현장 예배와 현장 공동체가 가능함에도 온라인 예배의 편리성과 익명성, 그리고 현실 교회에 대한 실망감 때문에 교회에서 멀어져가는 성도들이 늘어가고 있다.

또한 SNS와 개인 미디어를 통해 언제 어디서든 내가 원할 때 신앙 콘텐츠를 찾아서 접할 수 있는 '포터블 복음' 시대가 되고, 유튜브 앞에서 '나 홀로 부흥회'를 할 수 있는 시대가 되어, 굳이 교회에 나가 모르는 사람들과 갈등을 겪고 싶지 않은 젊은이들이 많아지고 있다.[32] 게다가 최고의 설교, 최고의 찬양팀들이 유튜브로 몰리면서 이런 현상이 가속화되고 있다. 그렇다면 과연 교회는 필요한가?

어떻게 보면 교회의 문제도 있지만 시대가 개인주의로

가고 있는 문제도 있다. 물론 복음은 한 영혼을 위한 헌신이기에 한 사람 한 사람이 소중하다. 그러나 하나님은 공동체도 소중하게 생각하신다. 하나님이 지으신 세상의 모든 것이 보시기에 좋았지만 "사람이 혼자 사는 것이 좋지 아니하니"(창세기 2:18)라고 말씀하지 않으셨는가.

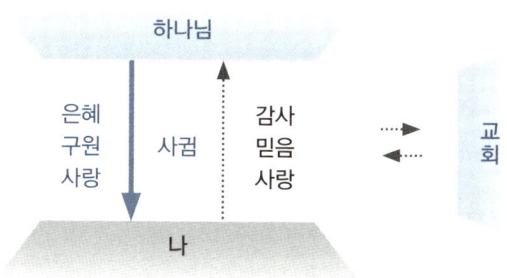

계명의 핵심인 십계명도 1-4계명은 하나님과의 관계에 대한 계명이고, 5-10계명은 이웃과의 관계에 대한 계명이다. 기도의 모범인 주기도문도 전반부는 하나님과의 관계를 다루고 있고, 후반부는 이웃과의 관계를 다루고 있다. 하나님은 우리가 개인으로서도 구원의 은혜를 경험하기 원하시지만, 공동체로서도 구원의 은혜를 경험하기 원하신다.

"보라 형제가 연합하여 동거함이 어찌 그리 선하고 아름다운고"_시편 133:1

왜 모르는 사람에게 형제자매라고 부르는가?

사실 나와 하나님과의 관계만 생각하면 신앙생활이 간단한데 교회가 개입되면 복잡해진다. 게다가 교회에 가면 처음 보는 사람들이 서로 형제자매라고 부르니 적응하기 힘들어하는 사람들도 있다. 그러면 왜 모르는 사람에게 형제요, 자매라고 불러야 하는 것일까?

전에 러시아 아웃리치를 갔다가 핀란드까지 페리를 타고 건너간 적이 있다. 저녁 식사 후에 자유시간이 주어져서 혼자 카페에 앉아서 NIV 한영성경을 읽고 있었다. 그런데 처음 보는 핀란드인 부부가 나에게 말을 걸어왔다. 그들은 내가 성경을 읽는 것을 보고 반가워하며 물었다. "크리스천인가요?" "네." 그들은 내가 한국 사람인 것을 알고 물었다. "데이빗 조(조용기) 목사님을 아나요?" "네, 알죠." 그들과 10여 분 이야기를 나눴는데, 정말 오랜만에 만난 가족과 대화하는 것처럼 친밀함을 느꼈다. 왜였을까?

우리는 예수님을 믿는 순간 모두가 하나님의 자녀가 된다. 한 분 하나님이 나의 아버지가 되셨으니, 그분의 자녀 된 사람들은 모두가 나의 형제자매가 된다. 그래서 처음 보는 사람들인데도 예수님으로 인해 구원받고 하나님의 자녀가 된 기쁨을 아는 이들이기에 한 형제자매로서의 반가움과 친밀감을 느끼고 영적인 공감대를 가지고 교제를 나눌 수 있는 것이다.

어떤 집사님이 하루는 주일예배를 드리고 집에 갔는데,

아들이 너무나도 친근하게 다가오더니 이렇게 말했다고 한다. "아빠, 오늘 전도사님이 우리는 모두 하나님의 아들딸이라고 하셨어." "그래, 오늘 좋은 말씀을 들었구나." "그래서 말인데, 아빠도 하나님의 아들이고 나도 하나님의 아들이니까, 오늘부터 형이라고 부를게." 아들의 진담 반 농담 반 이야기에 집사님이 웃음이 빵 터졌다고 한다.

> "그러므로 이제부터 여러분은 외국 사람이나 나그네가 아니요, 성도들과 함께 시민이며 하나님의 가족입니다."
> _에베소서 2:19, 새번역

이는 마치 결혼으로 두 사람만 가족이 되는 것이 아니라 양가 가족이 모두 나의 가족이 되는 것과 같다. 우리는 하나님의 자녀가 되는 동시에 하나님의 가족^{Family} 안에 들어가게 된다. 광고 선전 문구처럼 "또 하나의 가족"이 되는 것이다.

교회 안에서 목회자나 교인들과의 관계로 인해 상처받은 분들 중에는 공동체나 소모임에 들어가기를 꺼리는 경우가 많다. 그냥 예배만 드리고 가고 싶어 하신다. 하지만 나는 이분들에게 공동체에 들어갈 것을 꼭 권면하고 싶다. 그들은 좋은 성도들과의 만남을 통해 그 상처가 치유되고 회복될 필요가 있다. 하나님은 우리가 하나님의 사랑 안에서 함께하는 것이 좋다고 말씀하신다.

나는 교회 안에서 평생의 동역자들을 만나고 중보기도

자들을 만나서 친인척보다 더 친밀하게 지내는 성도를 많이 보았다. 순예배를 드리고 큐티나눔방을 하면서 눈물로 기도해 주고 함께 응답을 체험하며 영적인 가족이 되는 기쁨을 체험하는 분들이 많다. 이들은 서로의 아픔과 고민을 품어 줄 뿐 아니라 연약함과 모남까지도 품어 주면서 서로 멋진 하나님의 사람으로 성장해 가도록 돕는 진정한 한 가족이 된다.

1989년에 태어나자마자 아버지가 죽고 13살 때 어머니에게 버림을 받은 한 흑인 소년이 있었다. "난 너의 생긴 것부터가 마음에 안 들어. 집에서 나가." 이후 그는 친구들의 집을 전전하며 힘겹게 지냈다. 그러다 고등학교 농구부 후배의 어머니 미셸 램버트를 만나게 되면서 인생에 큰 전환점을 맞이하게 되었다.

백인 여성 램버트는 그에게 방을 내주고 따뜻한 음식을 만들어 주며 아들처럼 키웠다. 소년은 고등학교에서 주전이었음에도 대학 진학에 실패했다. 하지만 램버트의 격려에 힘입어 지역 칼리지에 입학했고 그곳에서 실력을 인정받아 마켓대학으로 스카우트되었다. 그리고는 마침내 2011년 NBA 신인 드래프트에서 30순위로 시카고 불스에 입단하게 되었다.

그는 미셸 램버트를 "엄마"라고 부른다. "그녀는 농구를 떠나 나를 가족의 한 사람으로 대해 주었다"며 고마움을 표현했다. 이미 자녀가 여섯 명이나 있었음에도 그를 아들처럼 품어 주었던 램버트는 아들이 지명되자 감격의 눈물을 쏟았다. 이 선수는 현재 미국 NBA 골든스테이트 워리어스 팀의 주전으로 활약하고 있는 지미 버틀러Jimmy Butler다.

교회 안에서 참된 회복을 경험할 수 있다면?

예수님의 십자가는 하나님과의 관계 회복뿐 아니라 이웃과의 관계 회복을 의미한다. 십자가의 수직선은 하나님과 나 사이에 다리를 놓아 주신 것이요, 십자가의 수평선은 나와 이웃 사이에 다리를 놓아 주신 것이다. 그래서 전에는 아무 상관 없던 사람들이 이제 예수님 안에서 만나 한 형제자매가 된 것이다.

"이제는 전에 멀리 있던 너희가 그리스도 예수 안에서 그리스도의 피로 가까워졌느니라"_에베소서 2:13

바울 시대에 유대인과 이방인은 서로 상종하지 않았다. 겸상도 하지 않았고 집에 방문도 하지 않았다. 유대인은 영적 우월감에 사로잡혀 있었고 이방인을 만나면 자신들이 부정해진다고 생각했다. 로마인이나 헬라인들은 유대인들을 고집스럽고 괴팍한 종교인들이라고 여겼고 상종하기 어려운 사람들로 생각했다. 그런데 예수님을 믿고 한 교회에서 유대인과 이방인이 만나게 되었다. 그러니 그들의 문화 충격이 얼마나 심했겠는가.

사도 바울은 예수 그리스도의 십자가 보혈로 인해 너희 이방인과 우리 유대인이 가까워졌다고 선언한다. 도저히 하나 될 수 없었던 사람들이 이제는 한 가족이 되어 부둥켜안고 믿음의 교제, 사랑의 교제를 나누게 되었으니 정말 놀라운 일이 아닐 수 없었다.

2천 년 전 초대교회에만 있었던 이야기가 아니다. 1905년 테이트 선교사는 전북 김제에서 선교활동을 하다가 마방馬房(말을 빌려 주거나 팔던 상점) 주인이자 거상이었던 조덕삼을 전도했다. 그러고는 그의 사랑채에서 금산기역자 교회를 시작했다. 그의 집에는 고아로 들어와 마부로 일하고 있는 종 이자익이 있었다. 주인 조덕삼과 종 이자익은 테이트 선교사의 전도로 예수님을 함께 믿게 되었다.

그러다 금산교회에서 장로를 선출하게 되었는데, 머슴이었던 이자익이 주인 조덕삼을 제치고 가장 많은 표를 받아 장로로 뽑히게 되었다. 그 순간 테이트 선교사는 조선의 계급문화를 알고 있는지라 이제 자신의 선교는 끝났다고 생각했다. 그러나 조덕삼은 교인들 앞에 나서서 말했다. "나는 하나님의 뜻을 겸허히 받아들여 이자익 장로를 잘 모시고 교회를 섬기겠습니다."

이것으로 끝나지 않았다. 주인 조덕삼은 자신의 종 이자익 장로에게 장학금을 주어 평양에 있는 장로회신학교에 입학시켰고, 후에 그가 목사 안수를 받자 자신의 교회에 담임목사님으로 모셨다. 이자익은 금산교회 담임으로 목회하며 대한예수교장로회 총회장에 세 번이나 재임한 존경받는 지도자가 되었다.

대전신학대학교에서 "이자익 목사 기념관 헌판식"이 있던 날, 조덕삼 장로의 손자 조세형 장로와 이자익 목사의 손자 이규완 장로가 참석했다. 이규완 장로는 조세형 장로 앞에 허리를 굽히며 말했다. "우리 할아버지께서 주인을 잘 만났습니다. 조덕삼 장로님이 아니었다면 할아버지도, 우리도 없었을 것입니다." 이것이 신분제를 뛰어넘은 감동적인 한국 초대교회의 모습이다. 그리고 이제 우리가 만들어가야 할 한국교회의 모습이다.

교회는 하나님과의 관계가 기초인 것은 분명하다. 그러나 성도들과의 가족 공동체를 경험하지 못하면 이 땅에서 천국을 미리 맛보는 축복을 놓치게 된다. 공동체와 소모임에 들어가지 않고 여러 가지 이유로 예배만 드리는 분들 중에 결국 예배의 자리도 떠나게 되는 경우를 많이 보았다. 인생의 풍랑을 만났을 때 함께 헤쳐 나갈 동지들이 곁에 없기 때문이다.

"한 사람이면 패하겠거니와 두 사람이면 맞설 수 있나니 세 겹 줄은 쉽게 끊어지지 아니하느니라"_전도서 4:12

교회에는 왜 그렇게 문제가 많을까?

예수님을 구주로 믿고 하나님을 아버지로 고백하는 동시에 교회의 한 가족이 된다고 해도, 여전히 교회에는 너무나 많은 문제가 있지 않은가? 그렇다. 그러면 왜 교회에는 이렇게 문제가 많은 것일까? 교회를 이렇게 정의할 수 있다. "교회는 구원받은 죄인들의 공동체다." 그래서 구원의 감격 쪽이 강하면 은혜가 넘치는 공동체가 되지만, 반면에 죄인들의 무질서 쪽이 강해지면 다툼과 문제가 끊이지 않는다.

영국의 유명한 설교자 찰스 스펄전Charles Sprugeon 목사에게 한 무리의 교인들이 찾아온 적이 있다고 한다. 그들은 다니던 교회에 실망하고 나와서 새롭게 다닐 교회를 찾고 있었다. 그들이 스펄전 목사에게 흠이 없는 교회를 추천해 주기를 부탁하자, 스펄전 목사는 말했다. "세상에 완전한 교회는 없습니다." 실망해서 돌아가는 그들을 불러 세우며 스펄전 목사는 말했다. "혹시 그런 교회를 찾더라도 그 교회에 가지 마십시오. 당신들이 가는 순간 그곳도 불완전해질 겁니다."

밴쿠버온누리교회에서 목회를 하던 때였다. 새가족반에 오신 한 성도가 내게 대뜸 이렇게 말했다. "온누리교회는 좀 다를 줄 알았는데 실망스러운 게 많습니다." 그래서 그분에게 대답했다. "여기도 다를 게 없습니다. 교회는 구원받은 죄인들의 공동체입니다."

세상에 완전한 교회는 없다. 완전한 죄인들이란 존재하

지 않기 때문이다. 그래서 예수님도 말씀하셨다. "바리새인들이 보고 그의 제자들에게 이르되 어찌하여 너희 선생은 세리와 죄인들과 함께 잡수시느냐 예수께서 들으시고 이르시되 건강한 자에게는 의사가 쓸 데 없고 병든 자에게라야 쓸 데 있느니라"(마태복음 9:11-12).

예수님은 병자들을 고치러 오신 의사이시고 교회는 치료 중인 환자들의 모임인 셈이다. 그러니 병원에 와서 "아니 왜 다들 세수도 안 한 채 환자복 입고 다니고, 여기저기서 소리 지르며 짜증들을 내는 거야?"라고 말하면 안 된다. 다들 아파서 치료받고 있는 사람들 아닌가. 건강한 사람이면 병원에 왜 오겠는가. 아픈 사람들이라서 병원에 온 것이다.

그러나 병원에도 멀쩡한 사람들이 있다. 바로 의사와 간호사들이다. 환자들을 치료해 주는 사람들이다. 물론 행정과 안내와 자원봉사로 섬기는 분들도 있다. 그러므로 병원에서 잘 치료받고 나서 다른 환자들에게 얌전히 있으라고, 깨끗하게 다니라고 정죄하는 사람들은 병원에 있으면 안 된다. 퇴원을 하든지, 병원에 있으려면 치료자와 봉사자로 섬겨야 한다.

새벽기도를 인도할 때 어떤 교인이 달려와서 저 사람이 너무 울부짖으며 기도해서 방해가 되니 멈추게 해달라고 한 적이 있었다. 그래서 나는 그분에게 대답했다. "응급실에 찾아와 소리 지르는 환자의 입을 틀어막을 수는 없습니다. 저렇게 통곡하며 기도하지 않아도 되는 자신의 삶에 오히려 감사하십시오." 우리는 교회가 점잖고 우아하기를 원한다. 물론 요즘 병원들은 대리석으로 꾸미고 최첨단 기능과 편리한 서비스들을 갖추고 있다. 그러나 그 모든 것은 아픈 사람들을 치료해서 생명을 살리려는 단 한 가지의 목적을 위해 존재하는 것이다.

교회 생활에서 중요한 것

교회 생활을 하면서 두 가지 중요한 것을 기억하면 좋겠다. 첫째, 우리는 모두 구원받은 죄인들이라는 사실이다. 자기 의를 드러내는 것이 아니라 하나님의 은혜가 드러나야 한다. 자신의 연약함을 인정하고 서로를 아름답게 세워 주어야 한다.

중병으로 병원에 온 사람은 우선 의사를 자주 만나서 치료에 집중해야 한다. 그러므로 소모임에 오시는 분들 중에 아직 본인의 삶이나 어려움을 나누기 어려워하시는 분은 배려해 주어야 한다. 먼저 하나님과의 친밀한 만남 가운데 치유와 회복이 일어나면 언제든지 편안하게 나눌 수 있는 때가 오기 때문이다.

그러나 의사를 만나기 위해 병원에 왔으면서도 자신이 멀쩡한 것처럼 포장하는 사람은 먼저 자신의 가면을 벗어야 한다. 사회적 이미지나 완벽주의 성격 때문에 자신의 허점이 드러날까 봐 걱정된다면, 아직 내가 누구인지를 모르고 있는 것이다. 우리는 모두 주님의 치유하심이 필요한 사람들이다. 사회적 포장을 내려놓으면 훨씬 더 편안하고 자유로울 수 있다. 그렇게 주님 앞에도 있는 모습 그대로 나아가고, 사람들 앞에도 있는 모습 그대로 나아가면 된다.

때로는 상처 있는 모습을 그대로 보여 주는 사람들도 있다. 소모임에서 공격적인 질문이나 부정적인 말들을 하기도 하고, 나눔 시간에 부부가 서로 싸우기도 하고, 봉사를 하다가 서로 의견이 안 맞는다고 다투기도 한다. 때로는 리더의 자리에서 다른 사람에게 상처를 주기도 한다. 그런 사람들은 주변에서 미워하지 말고 감싸 주며 기도해 주어야 한다. 더 나아가 정말 사랑하는 마음으로 그 사람을 대하면서 사랑의 힘으로 녹여야 한다.

> "너희도 성령 안에서 하나님이 거하실 처소가 되기 위하여 그리스도 예수 안에서 함께 지어져 가느니라"_에베소서 2:22

어떤 청년 수련회에서 한 청년이 자신의 이름표 밑에 "공사 중"이라고 써 놓고 다녔다고 한다. 공사 중이라 불편을 줄 수 있고 낙석도 주의해야 한다는 것이다. 아직 인격과 신앙이 미완성이라서 혹여나 상처를 주는 언행을 할지라도 너무 괘념치 말고 상처받지 않았으면 좋겠다는 의미였다.

상처가 많고 거절감과 두려움이 많았던 사람들이 예배드리며 회복되고 성도들과의 만남에서 회복되어 건강하고 밝고 행복한 성도가 되어가는 모습을 볼 때 얼마나 감사하고 기쁜지 모른다. 교회는 함께 상처를 보듬고 회복을 향해 나아가는 공동체다.

교회에서는 왜 항상 예배를 강조하는가?

교회 생활에서 둘째로 중요한 것은 예배다. 사람보다 하나님을 우선하고 교제보다 예배를 우선하면 좋다. 예배를 통해 하나님의 은혜가 들어와야 교제를 통해 그 은혜가 서로에게 흘러갈 수 있기 때문이다. 비가 오지 않을 때, 지하수와 하천만으로는 부족한 물 자원을 해결하는 데 한계가 있다. 하나님의 은혜는 예배를 통해 비처럼 임하는 것이다.

하나님의 임재가 분명한 공동체가 되면 모든 것에 질서가 생기고 겸손과 사랑과 연합이 일어난다. 가정에 연로하신 부모님이 함께 사시면, 부부간이나 부모자녀 간에 큰소리 내고 싸울 수가 없고 걸음걸이도 조심하게 되며 경거망동할 수 없게 된다. 하나님의 임재 의식이 분명한 교회는 다툼과 분열이 사라지게 된다.

밴쿠버온누리교회에 처음 부임했을 때, 취임 인사를 하고 교회 문 앞에 서서 성도들과 인사를 나누는데 이쪽 분들이 오셔서 "저 사람들을 만나지 마십시오"라고 말하고, 저쪽 분들이 오셔서 "이 사람들을 만나지 마십시오"라고 말했다. 심방을 가도 교회에서 마음에 안 드는 사람들 이야기가 계속됐다. 교회는 그렇게 양쪽으로 나누어져 있었다.

내가 할 수 있는 것은 그분들의 상한 마음을 위로해 드리는 것까지였다. 그 이상 내가 나서서 분열과 반목을 해결할 방법이 없었다. 그러나 단 한 가지, 나는 목숨 걸고 예배를 드렸다. 새벽기도는 부흥회처럼 부르짖어 기도했고, 주일 예배도 전심으로 주님께 올려 드렸다. 새벽기도에 20명이던 성도가 70명, 150명이 되고, 4주 만에 280명 교인 중 220명이 참석하게 되자, 교회가 영적인 열기로 타오르기 시작했다. 그리고 모든 불평과 원망의 소리는 하나님의 은혜의 임재 아래 다 가라앉게 되었다.

그 뒤로 나는 알게 되었다. '하나님의 은혜의 임재가 충만해지면, 모든 문제는 사라지게 되는구나!' 이런 찬양 가사가 있다.

눈을 주님께 돌려 그 놀라운 얼굴 보라
주님 은혜 영광의 빛 앞에 세상 근심은 사라지네

종종 너무나 오랜 세월 인생의 고통을 겪는 분들을 본다. 이런 분들은 목회자에게 관계적으로나 감정적으로 의존하려는 경향이 생긴다. 물론 목회자는 성도들을 긍휼히 여기고 도와주어야 한다. 하지만 궁극적인 치유의 역사는 주님을 만나야 일어난다. 그래서 나는 언제나 상담의 마지막 때에는 "예배의 자리로 나아가십시오. 주님을 만나야 진정한 치유가 일어납니다"라고 권면한다.

예배인도자로 섬기는 사역자들에게 항상 요청한다. "찬양 선곡이나 방식에는 전혀 개입하지 않겠습니다. 다만 우리를 하나님의 임재의 자리로 인도해 주십시오." 예배는 교회의 심장이다. 예배가 살아나면 영혼들이 살아나고, 교회가 살아난다. 그래서 주일에 사람을 만나러 교회에 가기보다 하나님을 만나러 교회에 가야 한다. 하나님을 인격적으로, 감격적으로 만나고 나면 어떤 사람도 품어 줄 수 있고 기쁨으로 섬길 수 있는 넉넉함이 생기기 때문이다.

왜 교회가 중요한가?
그러면 성도들이 예수님 안에서 한 가족이 되는 것, 그것이 교회의 의미의 전부인가? 아니다. 교회는 하나님의 놀라운 계획을 담고 있는 공동체다. 우리는 성경을 통해서 하나님이 보여 주시는 교회의 청사진들을 볼 수 있다.

첫째, 교회는 하나님의 구원 역사를 완성하는 에이전시 Agency다. "교회는 그의 몸이니 만물 안에서 만물을 충만하게 하시는 이의 충만함이니라"(에베소서 1:23). 교회는 그리스도의 몸으로서 인류 구원의 충만한 역사를 완성하는 대행체라는 뜻이다. 그래서 오늘날 교회가 아무리 연약해 보이고 부족해 보여도 교회는 결코 무너지지 않는다. 하나님은 교회를 통해서 인류 구원의 역사를 완성하겠다고 약속하셨기 때문이다.

그러므로 교회는 구원의 복음이 살아 있는 공동체, 구원의 복음을 증거하는 공동체가 되어야 한다. 예배와 양육과 사역을 통해 끊임없이 영혼들이 살아나고, 전도와 선교와 교회개척을 통해 계속해서 생명의 역사가 일어나야 한다. 하나님이 교회를 세상의 소망으로 세우셨기에 교회가 무너지면 세상에는 소망이 없다. 교회는 어두운 세상에 구원의 등대 역할을 해야 한다.

둘째, 교회는 영적 전쟁에서 최후 승리를 거두는 공동체다. 교회의 머리 되시는 분이 주님이시고 교회의 대장 되시는 분이 그리스도이시기 때문이다. "이 닦아 둔 것 외에 능히 다른 터를 닦아 둘 자가 없으니 이 터는 곧 예수 그리스도라"(고린도전서 3:11). 교회의 유일한 터, 유일한 기초석이 되시는 분은 오직 예수님이시다.

예수님은 십자가에서 죄의 권세를 깨뜨리셨고 부활을 통해 사망의 권세를 정복하셨다. 그리고 예수님의 핏값으로 세운 바 된 교회 또한 어둠의 세력을 이길 수 있는 권세를 위임받았다. "또 내가 네게 이르노니 너는 베드로라 내가 이 반석 위에 내 교회를 세우리니 음부의 권세가 이기지 못하리라"(마태복음 16:18). 그러므로 평생 영적 전쟁을 치러야 하는 하나님의 자녀들은 홀로 사투를 벌이지 말고 그리스도의 군사가 되어 연합함으로 강력한 영적 군대를 형성해야 한다. 그렇게 교회는 함께 그리스도의 승리를 체험하는 공동체다.

셋째, 교회는 성령님께서 이끌어가시는 영적인 공동체

다. 교회의 주인은 담임목사도 당회도 아니고, 봉사를 많이 하는 사람도 아니다. 교회의 주인은 오직 하나님이시다. 하나님은 성령님의 감동을 통해 교회를 이끌어가신다. 첫 교회는 오순절 성령강림을 통해서 태어났고, 사도행전의 교회 역사는 성령행전의 역사라고 해도 과언이 아니다.

교회는 합리적이고 민주적인 방식도 중요하지만, 그것을 넘어서서 성령님의 감동하심과 비전을 따라가야 한다. 교회는 예수님의 복음으로 잉태되어 성령님의 임재로 태어난 공동체이기 때문이다. 그러므로 교회는 복음으로 충만하고 성령으로 충만할 때 비로소 충만하게 살아난다. 그리고 그럴 때 비로소 교회는 인류 구원의 프로젝트를 완성할 수 있다. 교회는 우리만의 파티를 하고 있을 것이 아니라, 성령의 인도하심을 따라 하나님의 사랑과 예수님의 구원을 우리의 가족과 이웃, 그리고 온 세상에 전하는 열린 공동체가 되어야 한다.

교회는 사람이 먼저인가, 사역이 먼저인가?

교회에서 소그룹에도 참여하고 봉사도 하다 보면, 한 가지 질문이 생긴다. "교회는 사람이 먼저인가, 사역이 먼저인가?" 교제가 우선적으로 중요할까, 아니면 일이 우선적으로 중요할까? 이것은 "닭이 먼저인가, 달걀이 먼저인가"라는 질문처럼 순환적인 패턴이 될 때가 많다. 사역에 치우치다가 사람을 놓치는 경우가 많고 주저앉아 교제만 하다가 사명을 놓치는 경우도 많기 때문에, 이것은 진지하게 고민해야 하는 주제가 아닐 수 없다.

사실 교회 안에는 두 종류의 사람들이 있다. 사람이 먼저라고 생각하는 사람들과 사명이 먼저라고 생각하는 사람들이다. 그러나 나는 두 종류의 사람들 모두 하나님의 사람들이라고 믿는다. 그런 성향 자체를 하나님이 만들어 주셨기 때문이다. 그리고 오랜 교회 목회를 통해서 깨달은 결론은 이것이다. "교회의 사명이 곧 사람이다."

예수님이 이 땅에 오신 이유가 무엇인가? 사람 살리러 오셨다. 그러므로 우리는 사람 살리는 사역을 해야 한다. 일에 치우쳐서 사람들을 외면하면 안 되고, 사역자들이 탈진하면 안 된다. 그런 점에서 현대교회는 소수의 헌신자들이나 순장들에게 사역이 몰리고 그들이 지치고 낙심함으로 교회를 떠나게 되는 고질적인 병리적 현상을 고쳐야 한다.

1516교회는 2023년 1월에 분당에 개척하면서 제대로 된 장소도 정하지 못하고 여기저기 떠돌아다녔다. 예배에 목마른 영혼들이 곳곳에서 찾아오면서 하나님의 부흥을 경험했지만, 몇 달이 되도록 순예배를 시작할 수 없었다. 리더십을 미리 조직하고 시작한 교회가 아니라서, 사람들은 몰려오는데 누구를 순장으로 세워야 할지 몰랐기 때문이다.

그래서 일단 지역별, 연령별로 순(소그룹)을 나눈 뒤, 순원들이 모두 한 사람씩 돌아가면서 순예배를 인도하기로 했다. 그랬더니 이것이 정말 하나님이 주신 놀라운 신의 한 수가 되었다. 한 번도 순예배 인도를 해본 적이 없는 분들, 아예 순예배를 처음 참여해 본 분들이 긴장하며 인도를 하다 보니, 서로가 동병상련의 마음으로 도와서 순예배가 은혜 가운데 잘 드려지는 게 아닌가. 그렇게 모두가 애정과 주인의식을 갖는 순이 되었다.

철새인 기러기들은 장거리 이동을 할 때 V자 편대 비행을 한다. 제일 앞 꼭짓점에 있는 기러기가 공기의 마찰력을 가장 많이 받아 가장 힘이 들고, 뒤로 갈수록 앞에 있는 기러기가 만들어낸 부력으로 인해 편하게 날게 된다. 그래서 땅에서 보면 평면 V자로 보이지만 실제로는 뒤로 갈수록 꼬리 쪽이 올라간 V자가 된다.

그런데 아는가. 모든 기러기가 한 마리씩 돌아가면서 제일 앞자리 비행을 한다. 그래야 한 녀석만 지쳐 탈진하는 일이 없기 때문이다. 이렇게 하면 가장 효율적인 비행이 되어 혼자 날 때보다 무려 70% 더 멀리 날 수 있다고 한다.

그래서 1516교회의 소그룹은 "V자 편대 비행 소그룹"이 되었다. 모두가 리더의 짐을 함께 나눠서 지는 소그룹이다. 오늘날은 교회마다 일하는 사람만 일하고, 한 번 순장(구역장)을 하면 20-30년 동안 아무도 나서지 않는 시대가 되었다. 결국 순원들도 성장이 더디고 순장만 죽어난다. 사람 살리는 교회가 되려다가 사람 죽이는 교회가 되고 있다. 교회는 이제 사역의 체질을 과감하게 바꾸어야 한다.

예배가 소중하고 사람이 소중한 교회

1516교회 이야기를 한 가지 더 하려고 한다. 1516교회는 처음부터 페이퍼리스 교회paperless church로 시작했다. 말 그대로 종이를 사용하지 않는 교회다. 주보도 없고 헌금봉투도 없고 종이컵도 없고 종이 문서도 없다. 필요한 서류들은 온라인으로 진행한다. 교회의 각종 프로그램 신청서도 큐알 코드를 사용해서 온라인으로 받는다.

처음에는 집사님, 권사님들이 걱정했다. "목사님, 헌금봉투도 없으면 헌금이 많이 줄어들 텐데 어떻게 하려고 그러세요?" 물론 모험이었다. 그러나 나는 주일만 되면 헌금 계수실에 들어가서 종일 나오지 못하는 분들을 많이 보아왔다. 주일에 예배를 드리고 성도들과 교제를 해야 하는데, 헌금을 계수하러 나오는 게 일이 되신 분들이었다. 너무나 미안하고 안타까웠다.

또한 주보를 많이 만들지만 예배 시간에 잠시 사용하는 것 외에는 다 쓰레기통에 버려지고 만다. 게다가 교회에서 하는 프로그램마다 교재를 얼마나 많이 찍어내는가. 나무를 잘라서 수없이 많은 종이를 물 쓰듯 하지 않는가. 우리는 환경을 소중하게 지켜야 한다고 말하면서, 교회가 실천하는 것은 무엇인가.

사실 교회에서 종이를 없애야겠다고 처음 생각한 것은 교회의 본질, 교인의 본모습이 무엇인지 고민하면서부터였다. 늘 성도들에게 강조하는 "하나님 사랑, 이웃 사랑"이 본질일 것이다. 그런데 어떤 분들은 교회에 나와서 예배에도 집중하지 못하고 지체들과 교제할 여유도 없이 계수실에 종일 앉아 있거나 문서에 매달려 있지 않은가. 그래서 교회에 나오시면 예배에 집중하시고 교제에 집중하시라고 권한다. 그것이 교회의 참모습이기 때문이다.

물론 연세가 많으신 권사님들은 직접 은행에 가서 송금하느라 헌금하기가 너무 힘들다고 하소연하신다. 그래서 교회에서는 매년 "스마트한 교회 생활" 수업을 연다. 핸드폰이나 아이패드, 갤럭시 탭 등 스마트기기를 통해서 어떻게 교회 프로그램 신청을 하는지, 어떻게 은행 업무를 볼 수 있는지 알려 드린다.

그런데 놀랍게도 성도들은 방법 때문에 헌금을 적게 하시지 않는다. 성도들은 은혜에 반응하고 비전에 헌신한다. 집중해서 하나님을 만날 수 있는 예배, 서로 행복한 나눔이 있는 공동체를 경험하면 기꺼이 헌금한다. 그리고 한국교회를 살리는 데 디딤돌이 되려는 1516교회의 비전을 보고 기꺼이 그 비전에 동참한다. 이제 우리는 하나님을 더 신뢰하고 서로를 더 신뢰하는 교회 공동체를 세워가야 한다.

교회에도 "음식점의 원리"가 그대로 적용된다. 맛집은 사람들이 알아서 찾아간다. 네비게이션에도 잘 나오지 않는 구석진 자리에 허름한 집일지라도 어디서 그렇게들 찾아오는지 사람들이 몰린다. 그러나 아무리 예쁘게 인테리어하고 멋진 식기로 대접한들, 음식이 맛이 없으면 그 집에는 또 갈 일이 없다. 설렁탕집에 설렁탕이 맛있어야 하고, 만둣집에 만두가 맛있어야 하지 않는가. 마찬가지로 교회는 복음 맛집이 되어야 하고 은혜 맛집이 되어야 하지 않는가.

지난 28년간 많은 나라들을 다니며 사역하다 보니, 한 가지 확신을 갖게 되었다. 어느 나라 어느 민족이든, 잘 사는 동네든 못 사는 동네든, 딱 두 종류의 교회가 부흥했다. 바로 복음주의Evangelical 교회와 오순절Pentecostal 교회다. 그리스도의 복음이 분명하고 성령의 임재가 충만한 교회는 반드시 부흥한다.

이것이 교회의 시작이었다. 고 하용조 목사가 말한 대로, 교회는 복음으로 잉태되어 성령으로 태어났다. 오늘날의 교회도 이런저런 부흥 기법이나 전략을 쓸 것이 아니라, 교회의 본질로 돌아가야 한다. 복음으로 돌아가야 하고, 성령의 역사하심으로 돌아가야 한다. 교회가 교회다워지면 자연히 성도는 성도다워진다. 그리고 건강한 교회는 반드시 건강하게 성장한다.

6장
왜 성경인가?

왜 성경을 읽어야 하는가?

성경은 왜 읽어야 하는가? 처음 신앙에 입문하는 사람 입장에서 성경은 너무나 두꺼운 책이다. 하나님께 죄송한 표현이지만 하나님은 정말 말씀이 많으신 분이다. 중요한 내용만 요약해서 말씀하셔도 될 텐데, 이렇게 구구절절이 말씀하셔야만 했을까? 그래서 성경은 하나님의 멈추지 않는 사랑고백이지만, 잔소리처럼 다가올 때도 많다.

그럼에도 불구하고 성경을 읽어야 하는 이유는, 성경이 하나님의 말씀이기 때문이다. 정말 사랑하는 이가 생기면 그 사람과 눈을 마주치고 싶고, 손을 잡고 싶고, 대화하고 싶고, 소통하며 공감하고 싶지 않은가. 그런데 온 우주의 창조주시며, 역사의 주관자시며, 천국의 완성자이신 그분이 나와 대화하고 싶어 손을 내미셨으니 얼마나 감격적인가.

하나님은 우리에게 다가오셔서 우리와 교제하기를 원하시는 분이다. 하나님은 우리 영혼의 아버지이실 뿐 아니라, 우리와 친밀하게 교제하는 친구가 되기 원하시고, 우리를 바른길로 이끌어가는 목자가 되어 주기 원하신다. "이제부터는 너희를 종이라 하지 아니하리니 종은 주인이 하는 것을 알지 못함이라 너희를 친구라 하였노니 내가 내 아버지께 들은 것을 다 너희에게 알게 하였음이라"(요한복음 15:15).

그러므로 우리는 성경을 통해서 하나님과 대화할 수 있다. 좋아하는 친구와 카페에 앉아서 대화할 때 얼마나 행복한가! 좋아하는 친구와 교외로 나가 드라이브하며 나누는 대화가 얼마나 즐거운가! 성경의 시대와 사건과 인물들 속으로 들어가 하나님과 나누는 대화는 흥미진진하고 행복하고 감동적이다.

게다가 성경을 통해서 하나님과 대화할 줄 아는 사람은 일상에서도 하나님과 대화하게 된다. 하나님은 기록된 말씀을 통해서뿐 아니라 일상에서도 우리와 소통하시는 분이기 때문이다. 다만 성경이라는 기준 없이 하나님 음성을 듣겠다고 하면, 그것이 내 생각인지 세상 소문인지 원수의 거짓말인지 아니면 정말 하나님 음성인지 구분할 수 없다.

성경 말씀은 초대 기독교가 인정한 정경이며 신뢰할 수 있는 하나님의 말씀이다. 그러므로 이 성경을 통해서 하나님의 문법을 이해하고 하나님의 진심을 느끼고 나면, 일상에서 다가오는 하나님의 음성을 바르게 듣고 분별할 수 있는 영적인 귀가 열리게 된다. 성경이 내 영혼의 모국어가 되는 날, 아버지 하나님의 음성은 친밀한 음성으로 다가오게 될 것이다.

과연 구약 성경은 신뢰할 만한 책인가?

기독교인들은 어떤 이야기를 해도 성경에 근거해서 이야기한다. 성경이 그들의 신앙관과 인생관과 세계관의 근간이기 때문이다. 하지만 이제 기독교 신앙에 입문하는 사람 입장에서는 과연 성경이 얼마나 신뢰할 만한 책인지 의문이 들 때가 있다. 오랜 기록의 역사를 가진 성경은 얼마나 정확하다고 할 수 있는 것일까?

우리는 계약 하나 진행할 때도 서류 사본이 아니라 원본을 요구할 때가 많다. 왜일까? 원본 문서가 가진 고유한 신뢰성 때문이다. 가령 법원에 제출하는 증거 서류는 반드시 원본이어야 하며, 원본 문서가 존재해야만 특정 사실에 대한 법적 효력을 가질 수 있다. 사본 문서는 원본의 진위성을 보장할 수 없기에 법적 효력이 원본만큼 강력하지 않다.

그런데 문제는 성경은 원본이 존재하지 않는다는 점이다. 보통 성경의 히브리어, 헬라어 원어 연구를 한다고 할 때에는, 사본에 나오는 원어를 이야기하는 것이다. 그렇다면 성경은 사본들만 남아 있는 것인데 어떻게 신뢰할 수 있단 말인가?

사본이 필요한 경우는 원본 문서의 보관이 어렵거나 여러 사용자에게 원본을 공유해야 할 때다. 구약 성경이 다루는 범위는 모세 오경(기원전 15세기)부터 포로귀환 시대(기원전 5세기)까지이며, 적어도 지금으로부터 2,500년 전의 문서다. 이렇게 오래된 고대문서가 원본 그대로 존재하기란 거의 불가능한 일이다. 또한 성경은 워낙에 많은 사람들이 애독했기 때문에 여러 독자에게 원본을 공유할 목적으로 수많은 사본이 존재하게 되었다.

그러면 성경 사본의 필요성은 이해한다고 해도, 지난 수천 년 동안 손으로 필사해 온 사본 문서들은 과연 얼마나 원본 그대로를 보존하고 있을까? 1940년대까지 구약 성경의 최고最古 사본은 기원후 900년경의 맛소라 사본이었다. 그러나 이 사본도 말라기서가 기록된 시기와는 1,400년이나 차이가 났다. 그러니 사본학상 원본의 변질 가능성은 상당히 컸다.

그런데 1946년 11월 염해 서쪽의 쿰란이라는 지역에서 베두인 목동이 양을 찾다가 동굴에서 사해사본을 발견했다. 이것은 에세네파가 분실을 우려해 비밀리에 보관해 둔 것으로 추정된다. 12개의 동굴에서 발견된 600개의 사해사본은 기원전 125년경에 기록된 것이었다. 그러므로 사해사본은 성서 원본과의 간격을 1,100년이나 좁히게 됐다. 다만 만약 사해사본이 당시 교회가 읽고 있던 성경과 내용이 다르다면 기독교는 공중 분해될 수도 있었다.

그래서 사해사본을 미국성서공회로 이송할 때 만약의 폭파 위험에 대비하여 전투기들이 호위했다고 한다. 마침내 사해사본을 열어 보니, 사해사본과 맛소라 사본은 놀랍게도 99.99% 일치했다. 어떻게 이런 일이 가능했을까? 그것은 성경을 필사하고 보관하는 것이 직업인 서기관들scribes의 사명감 때문이었다. 이들은 성경 필사의 철칙을 지키고 있었다. 같은 옷을 입고 필사한 뒤 각 장의 절과 단어와 글자 개수를 확인했고 조금이라도 틀린 것은 즉시 파기했다.

서기관들은 필사하다가 테트라그라마톤("네 글자", YHWH, 여호와)이 나오면 목욕재계를 하고 다시 와서 썼다고 한다. 이들은 필사하다가 왕이 들어와도, 적군이 들어와도 필사를 멈추지 않았다고 한다. 믿음의 조상 아브라함이 하나님의 음성을 듣고 가나안으로 이주하고, 모세가 시내산에서 십계명과 율법을 받은 이후로 유대인들은 성언聖言 전달자로서의 사명을 목숨 걸고 지켜왔다. 그 결과 구약 성경은 문서 보존학적 측면에서 놀라운 신뢰성을 갖게 되었다.[33]

신약 성경도 신뢰할 만한 책인가?

구약 성경은 서기관들이 사명감으로 기록해 왔다고 해도, 신약 성경은 그리스도를 영접한 이방인들이 대부분의 독자였는데 필사 과정이 그만큼 전문적이기는 어렵지 않았을까? 고서 검증법을 통해서 살펴보면, 신약 성경도 구약 성경처럼 원본은 존재하지 않지만 수많은 사본이 존재한다.

현존하는 신약 성경 사본은 약 5,500개이며 번역 사본은 무려 18,000개에 이른다. 이와 비교해 볼 만한 책은 호머Homer의 「일리아스」다. 고문서 중에 이렇게 광범위하게 필사되고 애독된 책은 성경 다음으로 바로 이 책이기 때문이다. 이 두 가지 책을 비교해 보면 그 정확도가 어느 정도인지를 분명하게 알 수 있다.

내용	일리아스	신약 성경	비교
사본의 개수	634개	24,643개	39배
원본 기록 연대	기원전 800년	기원후 40-100년	
최초 사본 기록 연대	기원전 400년	기원후 125년	
원본 사본 시간차	400년	25년	16배
사본 간 오차 정도	5%	0.5%	10배
사본 정확도	1(기준)	6,240배	

신약 성경은 「일리아스」에 비해 사본 수가 39배 더 많으며, 원본과 사본의 기록 간격은 16배나 짧고, 사본 간의 오류 정도는 10배나 더 신뢰성을 갖는다. 어떤 이들은 구약 성경에 비해 사본 간 차이나 오류가 많은 것 아니냐고 말할 수도 있다. 하지만 위의 내용들을 비교해 볼 때, 「일리아스」의 사본 정확도를 1로 본다면 신약 성경의 사본 정확도는 무려 6240이 된다.

게다가 필사의 차이를 가져온 부분들이 미세하게 있을지라도 성경에 꺽쇠 []로 공개해서 표시해 두거나 사본 간에 비교가 가능하기 때문에 성경은 매우 정직하고 신뢰할 만한 책이라고 할 수 있다. 이처럼 신약 성경은 오랜 박해와 신앙 분파 간의 차이에도 불구하고 그 신뢰성을 지켜온 책이다.[34]

성경은 왜 인간의 언어로 쓰였는가?

예전에는 「사영리」라는 소책자를 들고 거리로 나가서 "성경에 이런 말씀이 있습니다"라고 전도하면 사람들이 수긍하고 복음을 받아들이는 경우가 많았다. 하지만 오늘날은 사람들이 "성경 자체를 어떻게 신뢰할 수 있는가?"라고 반문하는 시대가 되었다. 이제는 구도자seeker의 시대가 아니라 회의자questioner의 시대가 되었기 때문이다. 어떤 것도 절대적인 것은 없고 모든 것의 근간을 의심하고 질문하는 시대가 되었다.

「신의 언어」라는 책에서 나는 성경을 이렇게 정의했다. "성경은 신의 언어가 인간의 언어를 입은 것이요, 언어의 성육신이다." 그러면 하나님은 왜 천상의 신비 언어로 성경을 쓰지 않으셨을까? 그랬다면 인간이 어떻게 하나님의 뜻을 이해하겠는가. 그러면 하나님은 왜 고급 언어를 선별해서 쓰지 않으셨을까? 그랬다면 사회의 고위층 인사들만 이해하지 않았겠는가.

하나님은 매우 일상적인 언어들을 성경의 언어로 선택하셨다. 구약 성경의 언어인 히브리어는 고대 셈족계 유목

민이었던 히브리인의 일상적 언어였다. 신약 성경의 언어인 헬라어(그리스어)는 아테네에서 시작된 고급스러운 아티카 헬라어가 아니라 시장에서 통용되던 통속적인 코이네 헬라어 common Greek였다.

왜 하나님은 불완전한 인간 언어를 선택해서 당신의 메시지를 전달하셨을까? 그러다가 하나님의 말씀이 왜곡되고 훼손될 위험은 고려하지 않으셨을까? 하나님은 이 모든 것을 예상하셨음에도 불구하고 우리의 눈높이를 맞춰 주셨다. 그래야만 남녀노소, 배운 자나 못 배운 자, 가진 자나 없는 자 모두가 하나님의 구원의 메시지를 들을 수 있기 때문이다.

그런데 인간들은 인간의 언어를 입고 찾아온 신의 언어를 불완전하다고 손가락질한다. 문법이 틀렸다거나 숫자가 일치하지 않는다거나 몇몇 불일치의 지점들을 찾아내서, 성경을 신의 언어로 받아들일 수 없다고 주장한다. 마치 2천 년 전 하나님의 아들이 인간의 몸을 입고 오셨을 때 그분을 못 알아보고 십자가에 처형한 것처럼, 통속화의 십자가를 지시면서도 우리에게 절절한 사랑의 고백을 하신 하나님의 말씀을 오늘날 거부하는 사람들이 있는 것이다.

하지만 인간 언어의 불완전성에도 불구하고 성경 66권을 통해서 전달되는 하나님의 말씀은 한 치의 오차도 없이 정확하게 우리를 향한 하나님의 사랑의 진심과 구원의 섭리를 알려 준다. 그러므로 왕의 미복잠행微服潛行을 알아보지 못하고 거절하는 안타까운 백성들이 되지 말자. 이미 살펴본 것처럼, 하나님의 말씀은 수많은 사명자들과 순교자들의 손을 거쳐 당신의 손에까지 전달된 보물이기 때문이다.[35]

성경이 삶과 신앙의 기준이 되는 이유는?

"오직 성경으로Sola Scriptura"라는 말은 종교개혁가들이 신학적 기준으로 삼았던 다섯 가지 선포 중 하나다. 루터는 "성경이 없는 교황보다 성경으로 무장된 평범한 성도들이 더 강하다"라고 말했다. 로마 가톨릭교회는 교회 전통과 교황의 교리 선포를 성경의 권위와 동급으로 보았지만, 종교개혁가들은 삶과 신앙의 유일한 기준은 오직 성경이라고 보았다.

아무리 교회 전통이 위대하다고 해도 전부 성경에서 나온 것이요, 아무리 교회 지도자들의 성경 해석과 교리 제시가 중요하다고 해도 전부 성경에 근거한 것이다. 그러므로 우리는 절대자이신 하나님의 절대 진리의 말씀인 성경만이 그리스도인의 삶과 신앙의 유일한 기준이라고 고백한다.

모든 성경은 하나님의 감동inspiration으로 된 것이다. 작가가 영감을 받아서 작품을 쓰듯이, 성경은 하나님의 영감을 받은 사람들이 쓴 것이라는 말이다. 이것은 곧 성령 하나님의 감동하심을 받은 사람들이 성경 말씀을 받아서 쓴 것이라는 의미다. 그래서 성경 66권의 최종적인 저자는 하나님이시다.

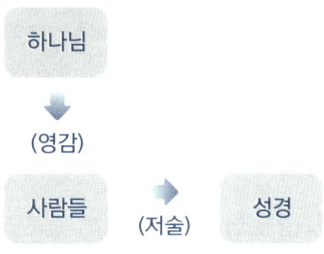

"모든 성경은 하나님의 감동으로 된 것으로 교훈과 책망과 바르게 함과 의로 교육하기에 유익하니 이는 하나님의 사람으로 온전하게 하며 모든 선한 일을 행할 능력을 갖추게 하려 함이라"_디모데후서 3:16-17

그러므로 하나님의 자녀 된 사람들은 성경을 통해서 하나님의 감동하심을 받고 하나님의 뜻을 깨닫게 되며 그것을 실천한 능력을 갖게 된다. 이에 대해 사도 바울은 디모데후서 3장 16절에서 성경이 4가지 단계에 모두 유익하다고 설명했다.

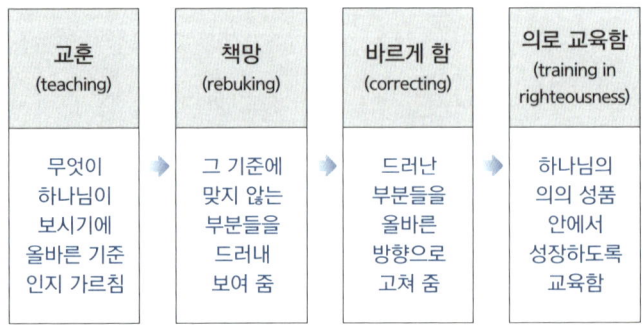

따라서 성경 말씀은 하나님의 사람으로 온전하게 성장하는 데 가장 근본적이고 필수적인 영적 양식이 된다. 더 나아가 이 말씀 안에서 받은 약속과 능력과 지혜를 가지고 하나님께서 맡기시는 선한 일들을 감당할 수 있는 능력까지 갖추게 된다.

성경 말씀을 바르게 이해하려면 어떻게 해야 하는가?

성경의 저자들이 성령님의 영감inspiration을 받아 기록했기 때문에 성경의 독자들도 성령님의 조명illumination을 받아 독서해야 한다. 그래야만 비로소 하나님께서 우리에게 주시려는 메시지를 제대로 이해할 수 있고, 우리의 지성과 감성과 의지가 온전하게 반응하여 그 말씀대로 사고하고 느끼고 행동할 수 있다.

> "먼저 알 것은 성경의 모든 예언은 사사로이 풀 것이 아니니 예언은 언제든지 사람의 뜻으로 낸 것이 아니요 오직 성령의 감동하심을 받은 사람들이 하나님께 받아 말한 것임이라"_베드로후서 1:20-21

성경의 말씀들은 예언적이고 대언적이다. 예언자들과 사도들이 하나님의 말씀을 받아서 우리에게 전해 준 것이기 때문이다. 그러므로 사사로이 해석하면 안 된다. 교회나 가족 아무에게도 말하지 말고 따로 모여서 성경 공부하자는 데에 가면 안 된다. 요즘 신천지, 하나님의교회, JMS 등 온갖 이단들이 이런 방식으로 접근하기 때문이다.

건강한 교회에서 건강한 가르침을 받으며 성경을 해석해야 한다. 성경은 우리의 삶과 신앙에 시금석이 되는 말씀이므로, 이것을 엉뚱하게 해석하거나 거짓되게 가르치게 되면 그 폐해가 심각하다.

나는 20년 가까이 성경통독을 가르치면서, 매주 읽은 본문 말씀에 관해 궁금한 점이 있으면 질문을 하게 한다. 우리는 말씀을 읽으면서 자문자답의 오류에 빠지기 쉽다. 하지만 성경은 우리의 질문을 받아서 답변을 해주는 친절한 책이다. "나의 질문에 대하여 어떻게 대답하실는지 보리라 하였더니 여호와께서 내게 대답하여 이르시되"(하박국 2:1-2).

그러므로 성경을 읽고 묵상하고 탐구하되 혼자 고민에 빠지지 말라. 성경은 독백을 위한 책이 아니라 대화를 위한 책이기 때문이다. 성경 안에서 나온 질문이 있다면 성경 안에 계시는 주님께 질문하라. 사람에게 질문하면 사람의 대답을 듣게 되지만, 예수님께 질문하면 예수님의 대답을 들을 수 있다.

성경은 결코 우리가 혼자 명상에 빠지게 하지 않는다. 성경은 우리가 말씀의 동산에서 묵상 가운데 주님과 대화하도록 초대한다. 명상은 자기 내면의 소리를 듣게 하는 개인내적intrapersonal인 것이지만, 묵상은 주님과의 인격적인 대화로 우리를 이끄는 대인관계적interpersonal인 것이다.

이때 우리를 말씀 속 지혜의 세계로 인도하시는 분이 성령님이시다. "이 성경은 성령님의 영감으로 기록된 책이기에 성령님의 조명이 있어야만 제가 이해할 수 있습니다"라고 겸손하게 고백할 때 성령님께서 우리의 눈을 열어 하나님의 법의 기이한 것들을 깨닫게 해주신다. 성경은 그렇게 성령님의 감동으로 기록encoding되고 성령님의 조명으로 해석decoding되는 책이다.[36]

어떻게 말씀으로 세상을 창조하셨는가?

하나님은 말씀으로 세상을 창조하셨다. "하나님이 이르시되 빛이 있으라 하시니 빛이 있었고"(창세기 1:3). 하나님은 첫째 날부터 여섯째 날까지 계속해서 하나님의 언어로 세상을 창조하셨다. 그것이 어떻게 가능할 수 있는가? 우선은 하나님이 언어적인 존재이시기 때문이고, 그다음은 언어는 의미나 개념을 실체로 만드는 창조의 힘을 갖고 있기 때문이다.

하나님은 언어를 통해 우리와 소통하시고 공감하시는 분이다. 하나님은 우리를 하나님의 눈치를 보게 하거나 대충 감을 잡아서 따라가게 하시는 분이 아니라, 명확한 언어적인 소통을 통해 그분의 뜻을 알게 하시고 공감하게 하시고 따르게 하시는 분이다. 그래서 성부께서는 말씀으로 세상을 창조하셨고, 성자께서는 말씀이 육신이 되어 오셨고, 성령께서는 강림하사 새 언어(방언)를 우리에게 주셨다.

이런 언어에는 강력한 창조의 힘이 있다. 언어는 의미(개념)와 기호(소리나 글자)로 구성되어 있다. 인간이라는 개념을 표현하고 싶으면 우리말로는 "사람", 중국어로는 "인간人間", 영어로는 "human", 불어로는 "homme"라는 소리를 내거나 글자를 쓰면 된다. 이처럼 언어에는 여러 가지 기호들이 있지만 전달하고 싶은 본질은 하나의 의미다.

또한 실체가 없는 기호들은 무의미한 잡음에 불과하다. 언어는 실체를 드러낼 때 비로소 그 기능을 온전히 감당하는 것이다. 가령 "물 한 잔 주세요" 그러면 그 말 그대로 물을 갖다주게 된다. 밥을 갖다주거나 돌을 갖다주지 않는다. 카페에 가서 "라떼 한 잔 주세요" 그러면 카푸치노나 에스프레소를 갖다주지 않는다. 언어는 실체를 드러내는 기호이기 때문이다.

세상의 모든 것은 그렇게 존재하게 되었다. 아무것도 없던 공터에 "건물"이라는 단어와 개념을 가진 사람이 그것을 실체로 만들어내고, 누군가를 사랑하게 된 사람이 "결혼"이라는 단어와 개념을 갖게 되면 그것을 실행하게 되고, 아무도 경험해 보지 못한 새로운 발명품도 그것에 대한 개념을 가진 사람이 실체를 만들고 이름을 붙이게 되는 법이다.

하나님은 세상 만물을 그분의 언어로 창조하셨다. 하나님 안에 세상 만물에 대한 모든 아이디어와 개념과 구상이 다 들어 있었기 때문이다. 그리고 그 하나님의 충만한 뜻을 말씀으로 선언하실 때 해와 달과 별들이 조성되고, 산과 들과 바다와 강들이 형성되고, 식물과 동물과 광물이 만들어지고, 하나님의 형상인 사람들이 빚어졌다.

왜 예수님을 말씀이라고 하는가?

하나님은 말씀으로 세상 만물과 만민을 창조하셨다. 한 사람 한 사람을 하나님의 말씀 안에서 하나님의 존귀한 형상으로 창조하셨다. 그러나 죄라는 바이러스가 들어와서 우리 안에 하나님이 심어 두신 사랑, 희락, 화평, 오래참음, 자비, 선함, 충성, 온유, 절제와 같은 아름다운 성품들을 망가뜨렸다.

그러나 하나님은 죄로 인해 타락한 우리를 구원하고 회복하기 원하셨다. 우리를 원래대로 복원하시되 완전히 새로운 창조를 해주기 원하셨다. 그 과정에서 원래 하나님의 성품이 말씀으로 창조되었기 때문에 다시금 말씀으로 복원해 주셨다. 마치 벽돌로 공사한 집에 허물어진 데가 있다면 다시 벽돌로 보수 공사를 하는 것과 같다.

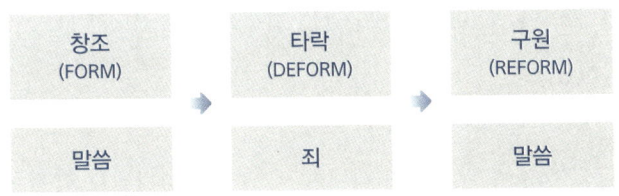

고대 그리스의 철학자 플라톤Plato은 이데아 사상을 펼쳤는데, 이데아란 보이는 현상 세계 너머의 본질을 의미한다. 현상 세계는 변질되는 비본질의 세계지만, 이데아는 변하지

않는 영원한 본질의 세계라는 것이다. 플라톤은 동굴의 비유를 통해, 인간은 동굴의 벽면에 비친 그림자들을 보며 살아가지만 그것은 허상에 불과하다고 주장했다.

플라톤의 영향 아래 시작된 스토아 학파는 로고스logos가 우주를 질서 있게 운영하는 근본 원리이자 보편적 이성이라고 여겼다. 플라톤과 스토아 철학자들은 로고스를 만물의 질서를 유지하는 신적 이성이라고 설명했다. 사도 요한은 예수 그리스도를 "태초부터 계신 말씀(로고스)"이라고 소개하며, 헬라인들이 사유하던 바로 그 신적 진리이신 분이 예수 그리스도라고 알려 주었다.[37]

태초에 창조의 주체이셨던 예수 그리스도께서 말씀이시라는 것은 놀라운 통찰이다. 하나님의 말씀은 세상과 인류를 향한 하나님의 마음 아닌가. 그런데 그 하나님의 마음, 하나님의 심장을 꺼내어서 보여 주신 분이 예수님이시다. 예수님은 하나님의 진심을 우리에게 그대로 보여서 전달해 주신 분이다. 말하자면 예수님은 걸어 다니는 성경Walking Bible 이시다.

"태초에 말씀이 계시니라 이 말씀이 하나님과 함께 계셨으니 이 말씀은 곧 하나님이시니라 그가 태초에 하나님과 함께 계셨고 만물이 그로 말미암아 지은 바 되었으니 지은 것이 하나도 그가 없이는 된 것이 없느니라 … 말씀이 육신이 되어 우리 가운데 거하시매 우리가 그의

영광을 보니 아버지의 독생자의 영광이요 은혜와 진리가 충만하더라" 요한복음 1:1-3, 14

놀랍지 않은가. 태초 이전, 즉 영원부터 성부 하나님과 함께 계셨던 성자 그리스도께서 말씀으로 세상 만물을 창조하는 창조의 주체가 되셨다. 그런데 이제 죄로 인해 망가진 우리를 구원하실 뿐 아니라 온전히 복원하시기 위해서 말씀이 육신이 되어 오셨다. 그리고 이제는 진리의 말씀으로 우리 안에 완전히 새로운 창조를 일으켜 주신다.

"그런즉 누구든지 그리스도 안에 있으면 새로운 피조물이라 이전 것은 지나갔으니 보라 새 것이 되었도다"(고린도후서 5:17). 여기서 "새로운 피조물"이라는 헬라어를 직역하면 "새로운 창조 new creation"다. 죄인인 우리가 하나님 자녀로 새롭게 창조되는 것은, 그저 찌그러진 차를 땜질하는 정도가 아니라 완전히 새 차를 뽑는 것처럼 근본을 새롭게 하는 변화라는 말씀이다.

성경은 왜 구약과 신약으로 되어 있는가?

성경 the Bible 은 많은 책 중에서 "바로 그 책"이다. 세상의 많은 책들은 사람들의 이야기를 담고 있지만 성경은 하나님의 이야기를 담고 있기 때문이다. 하나님이 사람을 사랑하신 이야기가 성경이다. 그러기에 하나님은 성경에서 약속을 남발하셨다. 생각해 보라. 누군가를 사랑하게 되면 강요하지 않아도 자원해서 약속들을 하게 된다. "내가 너를 지켜줄게. 내가 너를 행복하게 해줄게. 네가 원하는 것은 뭐든지 해줄게. 네가 어려울 때 너를 구해 줄게."

그러다 보니 성경은 약속의 책이 되었다. 그런데 그냥 약속이 아니라 언약^{covenant}의 책이 되었다. 약속이 구두로 맺어지는 것이라면 언약은 생명을 걸고 맺어지는 것이다. 고대 셈족 사람들은 언약을 맺을 때 동물을 둘로 쪼개놓고 언약의 당사자들이 그 사이를 지나면서 약속을 맺었는데, 이는 약속을 어길 시 이처럼 생명을 내놓겠다는 뜻이었다.

그리고 정말로 하나님은 우리를 사랑하셔서 우리를 보호하고 구원하겠다는 약속을 지키기 위하여 생명을 내놓으셨다. 그러므로 생명을 걸고 주신 언약의 책이 성경이다. 여기서 율법을 중심으로 한 구약은 사람들이 율법을 지키지 못함으로써 힘을 잃게 되고, 복음을 중심으로 한 신약이 죄인들을 구원하고 변화시킴으로써 언약의 결말이 된다.

그러면 구약은 필요 없고 신약만 보면 될까? 종종 사람들이 성경을 보면서 하는 오해가 여기에 있다. 구약의 하나님은 무서운 하나님이고, 신약의 예수님은 부드러운 하나님이라는 생각이다. 그러나 구약의 하나님은 노아 홍수까지 1,000년을 기다려 주시고, 사사시대(360년)에서 왕정시대(460년)까지 총 820년이 지나는 동안 우상숭배와 불순종에도 불구하고 이스라엘 백성이 돌아오기를 기다려 주셨던 은혜의 하나님이다.

신약의 예수님이 병자와 빈자와 소외된 자를 항상 돌보시고 고치시고 먹이신 것은 맞다. 하지만 예수님이 항상 나긋나긋하신 것은 아니었다. 이중적인 종교 지도자들에게 "화 있을진저! 뱀들아! 독사의 새끼들아!"라고 저주와 욕을 쏟아부으신 적도 있다(마태복음 23:29, 33). 또한 성전을 사업장으로 만든 사람들의 상을 뒤엎으시고 채찍질하며 쫓아내신 적도 있다. 무엇보다 인류 최후의 날에는 만민을 심판하실 준엄한 심판주가 되실 분이다.

그러므로 구약의 하나님과 신약의 예수님은 다르고, 구약과 신약은 연속성이 없다고 보는 것은 성경을 잘못 이해한 것이다. 하나님은 사랑과 공의의 하나님이시다. 하나님은 바다같이 넓은 사랑과 다이아몬드(금강석) 칼끝보다 예리한 정의를 가지신 분이다. 우리는 구약을 통해 복음의 예표적인 인물들과 사건들을 보게 되고, 신약을 통해 하나님의 구원의 본심이신 예수 그리스도를 발견하게 된다.

이스라엘이 하나님의 백성으로서 열방에 복의 통로가 되라는 사명을 받았음에도 실패하게 되자, 구약의 예언자들은 계속해서 두 가지를 예언한다. 메시아(그리스도)가 오실 것이라는 예언과 그분이 새 언약을 세우실 것이라는 예언이었다. 예수 그리스도는 새 언약의 주인공이 되실 분이기 때문이었다. 구약의 율법은 행위로 지켜내야 하는 것이었지만 인간에게는 그럴 능력이 없었다. 그러나 신약의 복음은 죄인을 용서해 주시는 은혜를 받아들이면 그 구원의 감격 때문에 사람이 변화되는 능력이다.

"여호와의 말씀이니라 보라 날이 이르리니 내가 이스라엘 집과 유다 집에 새 언약을 맺으리라 … 내가 나의 법을 그들의 속에 두며 그들의 마음에 기록하여 나는 그들의 하나님이 되고 그들은 내 백성이 될 것이라 여호와의 말씀이니라 … 내가 그들의 악행을 사하고 다시는 그 죄를 기억하지 아니하리라 여호와의 말씀이니라"_예레미야 31:31, 33, 34

구약의 말씀은 석비와 지면에 새겼지만, 새 언약의 말씀은 우리의 심비에 새겨 주신다고 했다. 보혜사 성령님께서 우리 마음에 깨우쳐 주시고 감동을 주시면 하나님의 말씀이 단순한 글자들이 아니라 내 영혼에서 살아 숨쉬는 성령님의 호흡이 되고 그리스도의 진리가 되기 때문이다. 이것은 하나님의 자녀들을 거룩으로 인도하는 놀라운 원동력이 된다.

구분	분량	언어	구성			
			기초	과거	현재	미래
구약 (옛 언약)	39권	히브리어	율법서	역사서	시가서	예언서
신약 (새 언약)	27권	헬라어	복음서	역사서	서신서	예언서

구약 성경 33권은 주로 히브리어로 기록되어 있는데, 모세가 기록한 5권의 율법서를 기초로 과거 역사를 다룬 역사서와 현재적 감성을 담은 시가서와 미래적 예언을 말한 예언서로 구성되어 있다. 신약 성경 27권은 주로 헬라어로 기록되어 있는데, 구약과 비슷한 구성으로 되어 있다. 예수님의 생애를 다룬 복음서를 기초로 과거 역사를 다룬 역사서 (사도행전)와 현재적 문제를 담은 서신서와 미래적 예언을 말한 예언서(요한계시록)로 구성되어 있다. 이처럼 성경은 하나님의 말씀 안에 구원사의 과거 현재 미래를 총망라한 진리의 총체를 담고 있다.

성경은 복에 이르는 지름길이다!
마지막으로 성경을 읽는 것이 우리에게 어떤 유익이 있는지를 몇 가지 나누고자 한다. 첫째, 성경은 하나님이 우리에게 주시고자 하는 복을 누리는 지름길이다. 하나님 아버지는 우리에게 언제나 좋은 것을 주기 원하시고 우리 인생이 평안하기를 원하신다. 그러므로 하나님의 말씀을 읽고 지키는 사람에게 하나님은 평강과 복과 생명을 허락해 주신다.

"네가 네 하나님 여호와의 말씀을 삼가 듣고 내가 오늘 네게 명령하는 그의 모든 명령을 지켜 행하면 네 하나님 여호와께서 너를 세계 모든 민족 위에 뛰어나게 하실 것이라 네가 네 하나님 여호와의 말씀을 청종하면 이 모든

복이 네게 임하며 네게 이르리니"_신명기 28:1-2

로마에 가면 로마의 법을 따르라는 말이 있다. 그만큼 로마는 세계적인 영토와 절대적인 통치권과 합리적인 법 규정을 갖고 있었다. 어떤 축구 선수가 축구를 하기 원한다면 경기장 안에서 심판의 규칙을 절대적으로 따라야 한다. 심판의 규칙을 번거롭고 거추장스러운 것이라고 생각한다면, 그는 축구장에 오래 있기 어려울 것이다. 하지만 그 규칙을 신뢰하고 따른다면, 마음껏 플레이하며 경기를 즐길 수 있는 복을 누릴 것이다.

하나님은 온 세상과 우주만물을 지으신 분이며, 절대적인 선악의 분별 기준과 통치 기준을 갖고 계신 분이다. 하나님의 법은 선하고 의롭고 합리적인 규정이다. 하나님은 본인조차도 지키지 못하는 것을 우리에게 강요하지 않으신다. 이 말씀을 내 생명처럼 지키는 것은 결국 내 생명이 가장 놀라운 하나님의 복과 평안을 누리는 길이 된다.

어떤 사람들은 처세술을 위해 성경을 읽고, 어떤 사람들은 도덕성 함양을 위해 성경을 읽고, 어떤 사람들은 역사서로 성경을 읽고, 어떤 사람들은 경영마인드를 배우겠다고 성경을 읽는다. 물론 성경은 정말 다양한 유익을 우리에게 준다. 그러나 성경이 우리에게 주는 최고의 유익은 영원한 생명이다. 최고의 선물을 주는 책이다.

"너희가 성경에서 영생을 얻는 줄 생각하고 성경을 연구하거니와"_요한복음 5:39

"또 어려서부터 성경을 알았나니 성경은 능히 너로 하여금 그리스도 예수 안에 있는 믿음으로 말미암아 구원에 이르는 지혜가 있게 하느니라"_디모데후서 3:15

성경은 영적 수술의 도구가 된다

사실 수술을 좋아할 사람은 아무도 없다. 하지만 만약 중병으로 끙끙 앓고 있다면 빨리 의사 선생님을 만나 수술 날짜를 잡고 싶지 않겠는가. 하나님의 자녀가 되었어도 아직 죄악의 쓴 뿌리가 남아 어둠의 그늘에서 두려움과 불안과 우울에 잠겨 있다면, 이제는 이 모든 것을 깨끗하게 제거해 주시는 하나님의 말씀을 읽자.

"하나님의 말씀은 살아 있고 활력이 있어 좌우에 날선 어떤 검보다도 예리하여 혼과 영과 및 관절과 골수를 찔러 쪼개기까지 하며 또 마음의 생각과 뜻을 판단하나니 지으신 것이 하나도 그 앞에 나타나지 않음이 없고 우리의 결산을 받으실 이의 눈 앞에 만물이 벌거벗은 것같이 드러나느니라"_히브리서 4:12-13

설교를 하고 내려오면 "목사님, 말씀을 참 잘 쪼개시네요"라고 말하는 분들이 있다. 나는 그 말이 매우 부담스러웠다. 분명히 성경에서는 우리가 말씀을 쪼개는 것이 아니라 말씀이 우리를 쪼갠다고 하기 때문이다. 사람이 말씀을 요리하는 것이 아니라 말씀이 사람을 재구성한다.

오늘날 현대인들은 온갖 종류의 불안증에 시달린다. 그리스도인이 되어서도 여전히 정신적, 정서적 이상 증세에 시달리는 사람이 많다. 왜 그럴까? 정말 이전 시대보다 정신력이 약해져서일까? 현대 시대는 인간이 평안하게 따라갈 수 있는 속도보다 너무 빨라졌고, 규모도 너무 커졌고, 그 화려함과 부요함도 너무 과도해졌다. 인간의 내면이 감당하기 어려울 만큼이 되었다.

또한 너무나 많은 정보가 계속해서 쏟아져 내리니 무엇인가를 결정하기가 어려워지고, 자기주도적 결정권이 약해진 인간의 마음은 점점 더 병약해지고 있다. 게다가 엔터테인먼트가 놀이동산이나 놀이터, 오락실에만 있던 시대가 끝나고 우리 집 안방과 거실에, 더 나아가 내 호주머니 안에 들어온 시대가 되고 말았으니, 인간의 자제력과 판단력은 불 앞에 놓인 촛농처럼 녹아내리고 있다.

기술집약적인 첨단 과학문명사회는 인류에게 많은 편리함과 이로움을 가져다주었지만, 더 경쟁적으로 노력하지 않으면 자기 꿈을 실현하기도 어렵고 사회에 기여하기도 어려운 시대가 되고 말았다. 그러기에 태어나면서부터 무한 경쟁에 시달리는 현대인은 내면이 시작부터 멍들어 있고 뭔가를 이루기도 전에 병들어 있는 상태가 되었다.

그러나 하나님의 말씀은 우리를 치유하는 능력이 된다. 말씀의 거울 앞에 서면 내 내면의 모든 상처와 아픔과 거짓과 역기능이 드러난다. 사탄은 우리의 약점을 드러내 공격하지만, 하나님은 우리의 단점을 드러내 치유해 주신다. 그러기에 말씀의 수술대 위에 영혼의 민낯을 드러내고 오르는 것은 두려운 일이 아니라 감사한 일이다.

이제 우리는 성경 말씀을 통해 영생을 주시는 복음을 얻을 뿐 아니라, 과거의 상처를 치유하시고 오늘의 불안을 잠잠케 하시고 내일의 두려움을 소망으로 바꾸시는 말씀의 약을 받게 된다. 나보다 나를 더 잘 아시고 정확하게 진단하셔서 내 영혼을 치유하시는 하나님을 신뢰하며 말씀의 동산 안에 들어가 내 영혼의 자연 치유를 경험해 보라.

성경은 영적 전쟁의 무기가 된다!

비행기가 목적지에 이르기까지 끊임없이 중력과 싸워야 하는 것처럼, 우리 인생은 영적인 씨름의 여정이다. 성령님이 늘 우리와 함께하시고 보호하시는 것처럼 사탄도 끊임없이 우리를 공격하기 때문이다. 이것을 우리는 영적 전쟁이라고 부른다.

이때 우리가 사용할 수 있는 최고의 무기는 바로 성경 말씀이다. 사탄의 주요 전략은 거짓말이기 때문이다. 하나님 아버지는 참 말(진리)의 씨앗을 우리 마음에 심어 주시지만,

사탄은 거짓말(비진리)의 가라지를 우리 마음에 심어 놓는다. 하나님의 말씀은 생명의 열매를 맺게 하지만, 사탄의 가라지는 죽음의 열매를 맺게 만든다.

> "너희는 너희 아비 마귀에게서 났으니 너희 아비의 욕심대로 너희도 행하고자 하느니라 그는 처음부터 살인한 자요 진리가 그 속에 없으므로 진리에 서지 못하고 거짓을 말할 때마다 제 것으로 말하나니 이는 그가 거짓말쟁이요 거짓의 아비가 되었음이라" _요한복음 8:44

그러므로 영적 전쟁의 핵심은 참과 거짓의 싸움이요 진리와 비진리의 대결이다. 그러면 이런 싸움에서 어떻게 해야 이길 수 있겠는가? 사실 우리는 영계의 존재들을 상대할 능력이 부족하다. 그러나 감사한 것은 대장 되신 그리스도께서 앞서 싸우고 승리하시면 우리는 그 승리를 함께 누리고 기뻐하게 된다는 점이다.

자, 그렇다면 영적 전쟁의 핵심 무기는 무엇일까? 바로 진리의 말씀이다. 법정에 아무리 많은 거짓 증인이 나서서 거짓말을 쏟아낼지라도 현장을 목격한 참 증인이 나서서 증언하면 모든 거짓말은 힘을 잃는다. 빛은 어둠과 격렬하게 싸울 필요가 없다. 어둠이 방 안을 가득 채우고 있을지라도 스위치를 켜고 빛이 임하는 순간 어둠은 사라지는 법이다.

"주의 말씀은 내 발에 등이요 내 길에 빛이니이다"_시편 119:105

"그러므로 하나님의 전신 갑주를 취하라 이는 악한 날에 너희가 능히 대적하고 모든 일을 행한 후에 서기 위함이라 … 성령의 검 곧 하나님의 말씀을 가지라"_에베소서 6:13, 17

 사도 바울은 에베소서 6장에서 하나님의 자녀들이 그리스도의 군사가 되어 하나님의 전신갑주를 입어야 한다고 말한다. 그런데 여기서 언급한 군장비의 모든 것은 수비 아이템들인데, 오직 하나님의 말씀만 공격 아이템이다. 게다가 하나님의 진리 말씀은 악령을 순식간에 초토화시키는 성령님의 검이라는 사실이 놀랍지 않은가!

 로마 군사들은 전투에서 "글라디우스Gladius"라는 짧고 날카로운 검을 사용했다. 이 검은 빠르고 정확한 공격을 가능하게 했고, 적과의 백병전에서 치명적인 타격을 가할 수 있도록 설계되었다. 역사적으로 로마 군대가 강력했던 여러 가지 이유 중 하나는 이 검을 효과적으로 활용했기 때문이라고 평가된다.[37]

 성경은 하나님의 말씀을 "성령의 검"이라고 소개한다. 이는 하나님의 말씀이 생명을 주는 책을 넘어서서 사탄의 거짓과 유혹을 분별하고 물리쳐 무력화시키는 강력한 무기라는 의미다. 예수님도 광야에서 사탄의 시험을 인간적인 논리나 감정이 아니라 오직 기록된 성경 말씀으로 물리치셨다. 이제 이 놀라운 성령의 검이 당신의 손에 쥐어져 있다.

성경은 하나님이 내게 보내신 사랑의 편지다!

나와 아무런 상관이 없는 사람이 하는 말은 큰 의미가 없다. 별로 개의치 않는다. 하지만 정말 사랑하는 사람이 하는 말은 내게 중요한 의미를 갖는다. 그 말을 생각하고 또 생각하게 된다. 그래서 말씀을 묵상하는 힘은 내향적이고 생각이 많은 사람에게만 주어지는 것이 아니라 하나님을 사랑하는 모든 사람에게 주어진다. 성경은 나를 사랑하사 내게 보내신 하나님의 러브레터love letter이기 때문이다.

논산에서 기초군사훈련을 받을 때 편지의 위력을 실감한 적이 있었다. 매일 고생하며 훈련받는 훈련생들에게 가족이나 친구, 지인이 보내 주는 편지는 사막 한가운데서 만나는 오아시스 같았다. 훈련이 끝나고 나면 내무반에서 20분 정도 편지 쓸 수 있는 시간이 주어졌는데, 모든 훈련생은 자신에게 편지를 보내 달라고 지인들에게 편지를 보냈다.

그렇게 편지를 보낸 지 한 주가 지나면 내무반 곳곳에 편지가 도착했다. 그 편지 한 통에 모든 시름이 사라지고 행복한 미소가 번졌다. 그런데 우리 내무반에 가장 나이 어린 19살짜리 동생이 있었다. 이제 막 고등학교를 졸업하고 온 지라 얼마나 까불거리고 천진난만한지 몰랐다. 그런데 이 친구가 아무리 편지를 보내도, 친구도 가족도 그 누구도 답장을 보내지 않았다. 4주 훈련을 마치는 날까지 단 한 장의 편지도 오지 않자 그 동생의 얼굴은 참담함 그 자체였다. 모두가 나라는 존재를 잊어버렸다는 생각에 금방이라도 눈물이 터질 것 같았다.

그런데 내무반에 약혼을 하고 온 훈련병이 있었다. 하루는 소포가 왔는데 180통의 편지가 쏟아졌다. 우리는 혹시나 사제 과자가 나오지 않을까 기대했다가 다들 돌아섰다. 그날 나는 새벽 불침번이어서 일어났다가 그 훈련병이 밤을 새우며 180통의 편지를 읽고 있는 모습을 보았다. "오빠와 함께 공부하던 도서관에서", "오빠와 함께 자주 오던 카페에서"…. 하루에도 4-5통씩 쓴 약혼녀의 편지를 읽는 친구의 입이 귀에 걸려 있었다.

군인들은 가만히 있어도 춥고 배고프고 졸리다고 한다. 그런데 180통의 편지를 밤새 읽으며 행복해하는 그 친구를 보면서 사랑의 위력을 보았고, 편지의 위력을 느꼈다.

인류 역사의 수많은 전쟁터에는 사랑하는 애인, 사랑하는 아내의 편지 한 통 때문에 끝까지 절망하거나 포기하지 않고 버틴 수많은 사람들의 이야기가 전해진다. 총성과 포탄이 날아다니는 죽음 일보 직전의 상황에서도 나를 기억하고 사랑해 주는 이가 있다는 그 한 가지 증거가 인간에게는 엄청난 힘이 되어 주는 법이다.

이 사랑의 편지가 내 영혼의 우체통에 매일같이 한 통씩

배달된다고 생각해 보라. 빚을 갚으라는 독촉장이 아니고 공과금을 내라는 공지문도 아니다. 그런데 이 사랑의 편지를 의무만 가득한 책으로 오해하고 열어 보지 않는다면 얼마나 안타까운 일인가! 우리 모두가 사랑의 편지를 한 통 한 통 열어 보며 미소와 눈물로 읽어 내려갈 수 있게 되기를 바란다.

7장
왜 성령님인가?

왜 성령님을 믿어야 하는가?

처음 신앙생활하는 초신자는 성령님을 이해하기가 어려울 수 있다. 처음에는 성부 하나님을 믿는 것이 신앙이라고 생각했는데, 그다음에는 성자 예수 그리스도를 믿으라고 하고, 이제는 성령님도 믿어야 한다고 하니까 하나님이 도대체 몇 분이신지 헷갈리게 된다.

밴쿠버에서 초신자들을 양육할 때 열두 명의 초신자, 미신자들과 함께 교리 공부를 했는데, 마지막으로 성령님에 관해서 공부할 차례였다. 나는 내심 걱정이 되어 "성령님이 계시다는 것을 이해하기 쉽지 않을 것 같은데, 여러분은 어떠신가요?"라고 물어보았다.

그랬더니 놀랍게도 한 사람씩 돌아가면서 정반대의 이야기들을 하기 시작했다. "저는 성령님이 계신지는 모르겠는데, 악령을 경험한 적이 있어요." "저도 귀신이 저를 공격하는 경험을 했었던 것 같아요." 다들 갑자기 자신들의 악령 체험담을 나누기 시작했다. 그렇게 그날의 교리 공부는 의도치 않게 영적 세계가 있다는 것을 모두가 공감하는 것으로 시작되었다.

그렇다. 물질계가 있는 것처럼 영계가 있고, 영계에는 악한 영과 선한 영이 있다. 사탄이 악령들을 몰고 다니며 사람들을 괴롭히는가 하면, 하나님의 영이신 성령께서 사람들을 돕고 회복하시는 일들이 있다. 그래서 우리는 영적 세계에 눈을 감고 지낼 것이 아니라, 그 세계가 어떤 세계인지 성경적으로 정확하게 알고 영적으로 승리하는 삶을 살아야 한다.

성경을 보면, 성부 하나님께서 세상을 창조하시고 역사를 이끌어 오시다가 인류를 죄에서 구원하시기 위해서 성자 그리스도를 보내셨고, 그리스도께서 십자가 구원 역사를 마치고 부활 승천하신 후에는 성령 하나님을 보내셔서 우리와 영원히 함께하며 하나님의 자녀답게, 그리스도의 군사답게 살 수 있도록 돕고 계신다.

그러므로 신앙생활을 하면서 하나님을 믿고 예수님을 믿지만 성령님께는 별 관심이 없다고 하는 이들을 보면 안타깝다. 하나님께서 우리에게 주신 최고의 선물은 아들을 내어주신 것이요, 아들께서 우리에게 주신 최고의 선물은 성령님을 보내 주신 것이기 때문이다. 누구든 자기 자신을 내어주는 것만큼 놀라운 사랑이 어디 있겠는가.

따라서 말씀 중심의 교단에서 성령의 은사나 역사에 대해서는 관심이 적고, 성령님을 사모하면 종교적 열광주의나 기복주의라고 생각하는 것은 잘못된 것이다. 성령님은 거룩하신 하나님의 영이시며, 예수님을 가장 잘 믿고 닮아갈 수 있도록 날마다 우리와 동행하며 인도해 주시는 좋으신 분이기 때문이다.

성령님의 임재 체험을 했는가?

우리는 종종 예배 때나 기도 시간에 "성령님, 임하여 주옵소서!"라고 간구하며 기도한다. 그런데 어떤 분들은 자신이 성령을 받았는지 못 받았는지 모르겠다고 말한다. 사실 예수님을 믿고 하나님을 아버지라고 고백할 수 있는 것은 성령님의 도우심 때문이다. 따라서 이미 성령님께서 그 사람의 영혼 안에 일하신 흔적이 있는 것이다.

하지만 또한 성경은 성령님의 충만한 임재의 역사가 있다고 말하고 있다. 예수님의 열두 제자도 하나님을 알고 예수님을 믿었지만, 오순절에 강력한 성령의 임재 체험을 하기 전까지는 소심함과 두려움에 사로잡혀 있었다. 그러나 성령님께서 그들에게 임하시자 그들은 놀랍게 담대함을 얻어서 성령의 말하게 하심을 따라 예수님의 복음을 전하는 사도들이 될 수 있었다.

예수님이 니고데모라는 유대인 선생에게 성령님에 대해 말씀하신 적이 있다. "바람이 임의로 불매 네가 그 소리는 들어도 어디서 와서 어디로 가는지 알지 못하나니 성령으로 난 사람도 다 그러하니라"(요한복음 3:8). 성령님은 마치 바람과 같은 분이시다. 히브리어로 "루아흐"는 "호흡, 바람, 성령"이라는 뜻을 갖고 있다.

바람은 눈에 보이지 않지만 바람이 부는 것을 누구나 알 수 있듯이, 성령님이 임하신 것을 모를 수는 없다. 바람이 불면 나뭇잎이 흔들리고 물결이 일고 살갗에서 느껴지지 않는가. 바람이 더 강하게 불면 나무가 쓰러지고 자동차나 집도 통째로 날아간다. 바람은 보이지 않지만 분명히 감지된다. 그처럼 성령님의 임재도 분명하게 체험된다.

20세기 최고의 기독교 변증가인 C. S. 루이스가 자신의 회심 과정을 설명한 적이 있다. 그는 평소처럼 영국 옥스퍼드의 한 정원에서 산책을 하고 있었는데 갑자기 어디선가 따듯한 바람이 불어와 그의 얼굴을 스쳐 지나갔다. 그 바람은 단순한 자연 현상과 달랐다. 보이지 않는 누군가가 자신의 존재를 알고 부드럽게 감싸안는 것 같았다.

그는 설명할 수 없는 이 경험에 가슴이 벅차올랐고 그 순간 깨달았다. "내가 피하고 있던 그분, 바로 하나님께서 나를 부르고 계시는구나. 나는 더 이상 도망칠 수 없다." 결국 무신론자였던 C. S. 루이스는 자신의 이성적 방어벽을 내려놓고 예수 그리스도를 구주로 영접하게 되었다. 이렇게 성령님은 때로는 따듯한 미풍처럼, 때로는 강한 폭풍처럼 우리 인생에 찾아오신다.[38]

하나님은 한 분인가? 세 분인가?

하나님은 오직 한 분이다. 그러나 한 분 하나님이 세 인격을 갖고 계신다. 인간의 상식으로 생각해 보면, 자아 분열이 아닌가 싶을 것이다. 그러나 하나님은 세 인격이면서도 온전한 일치와 연합을 이루는 한 분 하나님으로 존재하신다. 이것은 3차원의 시공간 세계에서는 존재하지 않는 양상이기 때문에 지상의 어떤 것으로도 정확한 설명이 불가능하다.

그러나 놀랍게도 초월적 영역에 계시는 하나님은 "삼위일체Trinity" 하나님으로 존재하신다. 그래서 5세기의 교부 어거스틴은 이렇게 말했다. "삼위일체를 이해하려고 하면 우리 지성에 문제가 생길 것이고, 삼위일체를 부인하려고 하면 우리 구원에 문제가 생길 것이다." 우리가 이해되지 않아도 성경적 진리를 믿음으로 받아들이면, 오히려 하나님께서 그 신비의 세계를 체험시켜 주신다.

"이스라엘아 들으라 우리 하나님 여호와는 오직 유일한 여호와이시니"(신명기 6:4). 성경은 분명히 하나님이 유일신唯一神이라고 선포한다. 게다가 십계명의 제1계명은 다른 신을 섬기지 말라는 것이다. "너는 나 외에는 다른 신들을 네게 두지 말라"(출애굽기 20:3). 그러므로 결코 성경은 삼신론三神論을 말하지 않는다.

그런데 놀랍게도 성경은 곳곳에서 하나님께서 세 위격으로 계시다는 것을 말하고 있다. "태초에 하나님이 천지를 창조하시니라 땅이 혼돈하고 공허하며 흑암이 깊음 위에 있고 하나님의 영은 수면 위에 운행하시니라 하나님이 이르시 되 빛이 있으라 하시니 빛이 있었고"(창세기 1:1-3).

전에 한 지역교회에서 강의를 한 뒤 질문을 받은 적이 있었다. 한 성도가 질문했다. "성경에 삼위일체라는 단어가 없는데요. 삼위일체는 교회가 역사적으로 만들어낸 교리이지, 성경에는 없는 이야기 아닌가요?" 나는 창세기 1장 1-3절을 읽어 드렸다. 1절에 성부 하나님이 등장하시고, 2절에 "하나님의 영"이신 성령 하나님이 등장하시고, 3절에 말씀이신 성자 그리스도가 등장하시기 때문이다.

이미 창세기 서두에서 삼위일체 하나님이 등장하신다. 삼위일체 하나님은 창조의 역사에서부터 공동 작업을 하시는 창조의 주체가 되셨다. 그리고 삼위일체 하나님은 역사의 전 여정에서 우리를 구원하시는 일에도 함께하시고, 구원받은 자녀들을 거룩하게 인도하시는 일에도 함께하시고, 영원한 천국에서 우리를 맞이해 주실 때도 함께하신다. 삼위일체이신 하나님은 영원으로부터 영원까지 그렇게 변함없이 우리와 함께하신다.

그러면 하나님을 어떻게 불러야 하는가?

한번은 대전에 있는 한 교회에서 큐티 세미나를 했다. "여러분은 예배드릴 때, 하나님 아버지를 찾으시나요? 예수님을 찾으시나요? 성령님을 찾으시나요? 삼위 하나님 중에 어떤 위격을 불러야 할지 헷갈릴 때가 있지 않나요?" 그랬더니 앞에 계신 한 여집사님이 걸걸한 목소리로 (아마도 기도를 많이 하시는 분 같았다) 이렇게 대답했다. "그럴 때는 '주여!' 하면 됩니다."

맞는 말이다. 하지만 안타까운 말이기도 하다. 우리는 성부 성자 성령의 세 위격에 대해서 잘 모를 때가 너무나 많기 때문이다. 삼위 하나님 사이에서는 성자께서 성부를 "아버지"라고 부르시고, 성부께서 성자를 "아들"이라고 부르시며, 성부도 성자도 성령을 "나의 영", "하나님의 영", "예수의 영"이라고 부르신다.

삼위일체 하나님	하나님	예수님	성령님
삼위 간의 내적인 관계	아버지	아들(독생자)	영
우리와의 경험적 관계	창조주 (Creator & Ruler)	구원자 (Savior & Lord)	보혜사 (Counsellor & Sanctifier)

그렇다면 우리는 하나님을 어떻게 불러야 할까? 성부 하나님은 우리에게도 "아버지"이시다. 우리 영혼의 아버지이시기 때문이다. 물론 하나님은 영이시기에 우리를 낳으신 분은 아니지만, 우리의 영혼과 육신을 조성하신 창조주이시기에 우리 존재의 근원이시라는 점에서 성부 하나님은 우리의 아버지이시다.

그렇다. 우리는 성부 하나님을 우리의 창조주^{Creator}로 처음 만난다. 영적인 기억상실증에 빠져 하나님을 내 영혼의 아버지로 알지 못하고 살다가 예수님의 십자가 속죄의 은혜를 깨닫게 되는 날, 우리는 하나님이 도대체 왜 우리를 사랑하시는지 의아하게 여기게 된다. 그런데 창세기에서 발견하게 되는 진실은, 그분이 우리 아버지이시기 때문에 우리가 아무리 죄와 절망 가운데 망가져도 결코 우리를 포기할 수 없으시다는 것이다.

또한 우리는 성부 하나님을 역사의 통치자^{Ruler}로 만나게 된다. 인생과 역사 가운데 섭리하시는 하나님의 주권적 역사를 깨닫고 인정하게 되기 때문이다. 하나님은 모든 것을 합력하여 선을 이루시며, 하나님의 백성들을 구원의 완성 지점으로 인도해 가시는 분이다. 자녀 된 우리는 하나님의 역사 섭리와 통치를 깨닫고 하나님 나라의 일꾼으로 헌신하게 된다.

성자께서는 기본적으로 두 가지 이름을 갖고 계신다(이미 3장에서 자세하게 다루었다). 하나는 "그리스도", 하나는 "예수"다. 그리스도는 성자의 천상 이름이고, 예수는 성자의 지상 이름이다. 영원하신 그리스도께서 2천 년 전 인자가 되시고 "예수"라는 이름으로 33년을 사셨는데, 부활하신 이후부터는 "예수 그리스도"가 성자의 영원한 이름이 되었다.

우리는 성자 예수 그리스도를 우리의 구원자^{Savior}로 만나게 된다. 우리가 죄 가운데 방황하며 하나님 아버지의 존재도 모르고 뜻도 모른 채 살아갈 때, 우리를 죄의 수렁에서 건져 주신 분이 예수님이다. 그래서 예수님은 우리를 죄와 사망, 저주와 심판에서 건져 주신 우리의 구원자가 되신다. 이제 우리는 예수님 안에서 얻은 생명으로 아버지 하나님 앞에 언제든지 나아갈 수 있는 자녀 됨의 권세를 얻게 되었다.

또한 우리는 성자 예수님을 우리의 주^{Lord}로 고백한다. 시몬 베드로가 고백한 그대로다. "주는 그리스도시요 살아 계신 하나님의 아들이시니이다"(마태복음 16:16). 구약시대에는 여호와를 부를 때 '주(아도나이)'라고 불렀고, 신약시대에는 로마 황제를 '주(퀴리오스)'라고 불렀다. 세상의 유일한 주인을 부르는 말이다.

성자께서는 이 땅에 오실 때 겸손히 아기로 오셨고, 우리를 위해 희생의 어린양이 되셨지만, 사실 마지막 날 천상에서 마주하게 될 성자 예수님은 주님이시다. "그들이 어린 양과 더불어 싸우려니와 어린 양은 만주의 주시요 만왕의 왕이시므로 그들을 이기실 터이요"(요한계시록 17:14). "그 옷과 그 다리에 이름을 쓴 것이 있으니 만왕의 왕이요 만주의 주라 하였더라"(요한계시록 19:16).

그러면 성령님을 우리는 어떻게 만나는가? 성령님은 보혜사(헬라어, 파라클레토스)이시다. 보혜사는 "곁에 부름 받은" 분이라는 뜻이다. 하나님은 우리를 사랑하시고, 예수님은 우리를 구원하셨는데, 이제 날마다 순간마다 우리 곁에 함께 계시는 분은 성령님이다. 성령님은 때로는 위로자^{Comforter},

때로는 대변자^Advocate, 때로는 상담자^Counsellor로 우리 곁에 늘 함께 계신다.

우리는 예수님을 믿고 하나님의 자녀가 되어 이제 성령님과 동행하며 살아간다. 이렇게 성령님과 동행하며 살아가는 인생 여정의 핵심이 성화^sanctification다. 성령님은 우리를 거룩하게 하시는 영^Sanctifier이기 때문이다. 하나님은 우리에게 거룩을 원하신다. "내가 거룩하니 너희도 거룩할지어다"(레위기 11:45).

그러나 우리는 거룩하게 살아갈 능력이 없다. 원죄로 인하여 타락한 이후로는 거룩하게 살아갈 내적 힘을 상실했기 때문이다. 그러나 성령님이 우리 안에 내주하시며 감동 감화하시면 우리는 거룩에 대한 열심과 의지를 갖고 살게 된다. 그래서 성령님은 거룩의 견인차^牽引車가 되어 주신다. 성경은 여러 곳에서 성령님의 거룩하게 하시는 역사를 말하고 있다.

"성령 안에서 거룩하게 되어 받으실 만하게 하려 하심이라"_로마서 15:16

"하나님이 처음부터 너희를 택하사 성령의 거룩하게 하심과 진리를 믿음으로 구원을 받게 하심이니"_데살로니가후서 2:13

> "곧 하나님 아버지의 미리 아심을 따라 성령이 거룩하게 하심으로 순종함과 예수 그리스도의 피 뿌림을 얻기 위하여 택하심을 받은 자들에게 편지하노니"_베드로전서 1:2

그러므로 하나님의 자녀가 되었으나 성화의 단계에서 진도가 잘 나가지 않아 고민하는 성도가 있다면, 성령님의 충만한 임재를 사모하라. 성령님께서 우리 안에 거하시면 세상 유혹과 죄의 쓴 뿌리에서 벗어나 거룩하신 하나님의 생각과 열심과 뜻을 닮아가게 되기 때문이다.

하나님의 로망을 실현하시는 성령님?

하나님의 최고 로망은 우리와 함께하시는 것이다. 영원에 계셨던 하나님이 시간 세계를 만들어 찾아오신 것도 우리와 함께하기 위해서였고, 범죄하고 타락한 이들을 불러 자신의 백성 삼으시고 거대 제국 애굽에서 건져내신 뒤 성막에서 수많은 짐승의 피를 흘리면서까지 만나 주신 것도 우리와 함께하기 위해서였으며, 다윗의 허름한 장막을 그토록 좋아하셨던 것도 하나님이 가장 기뻐하시는 것이 사랑하는 자녀들과 함께하는 것이었기 때문이다.

따라서 천국은 우리가 하나님과 영원토록 함께하는 세계다. "내가 들으니 보좌에서 큰 음성이 나서 이르되 보라 하나님의 장막이 사람들과 함께 있으매 하나님이 그들과 함께 계시리니 그들은 하나님의 백성이 되고 하나님은 친히 그들과 함께 계셔서"(요한계시록 21:3). 이것이 하나님이 그리시는 천국의 모습이다.

사실 성자 예수님도 하나님이 죄 가운데 빠진 우리를 버리지 않으셨으며 우리와 함께하신다는 것을 보여 주신 분이다. "보라 처녀가 잉태하여 아들을 낳을 것이요 그의 이름은 임마누엘이라 하리라 하셨으니 이를 번역한즉 하나님이 우리와 함께 계시다 함이라"(마태복음 1:23).

그리고 이제 성령 하나님은 우리와 영원토록 함께하시는 분이다. "내가 아버지께 구하겠으니 그가 또 다른 보혜사를 너희에게 주사 영원토록 너희와 함께 있게 하리니"(요한복음 14:16). 그러므로 성령 하나님이 내주 동행하시는 사람은 하나님의 임재 가운데 사는 것이며, 이미 천국을 맛보고 누리며 살아가는 것이다. 이 얼마나 놀라운 일인가!

> 거룩 거룩 거룩 전능하신 주여
> (Holy Holy Holy! Lord God Almighty!)
> 이른 아침 우리 주를 찬송합니다
> (Early in the morning our song shall rise to Thee;)
> 거룩 거룩 거룩 자비하신 주여
> (Holy Holy Holy! Merciful and Mighty!)
> 성삼위일체 우리 주로다!
> (God in three Persons, blessed Trinity!)
> - 새찬송가 8장, 〈거룩 거룩 거룩 전능하신 주님〉

성령님은 어떤 분인가?

성령님은 우리처럼 인격을 갖고 계신 인격적인 분이다. 인격의 3요소인 지정의, 즉 지성과 감성과 의지를 갖고 계시며, 우리와 인격적인 교제를 나누시는 분이다. 그런데 어떤 사람들은 성령님에 대한 오해를 갖고 있다. 성령님을 단순한 우주의 에너지나 파워 정도로 생각하거나 하나님의 도구 정도로 생각하는 것이다. 그렇게 성령님을 능력 쪽으로만 바라보기 때문에 많은 사람들이 인격적인 성령님을 깊이 있게 체험하지 못한다.

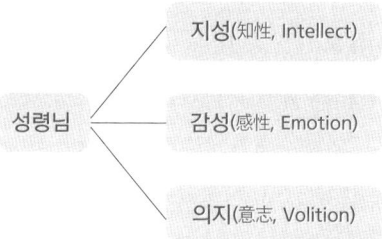

첫째, 성령님은 지적이시며 우리의 지성을 일깨우신다. "보혜사 곧 아버지께서 내 이름으로 보내실 성령 그가 너희에게 모든 것을 가르치고 내가 너희에게 말한 모든 것을 생각나게 하리라"(요한복음 14:26). 얼마나 놀라운가! 공생애 기간에 제자들은 예수님의 말씀을 듣고도 잘 이해하지 못했는데, 성령님이 임하시면 예수님의 말씀을 다 깨우쳐 주시고 기억나게 해주신다고 하셨다.

그러므로 지혜가 부족한 사람은 성령님께 지혜를 구하

라. 성령님은 지혜의 영이시기 때문이다. 나는 어린 시절 지력이 부족해서 동화책조차도 읽기 힘들어했다. 그런 내가 성령님의 임재 체험을 한 뒤로, 성경이 재미있게 읽히고 공부가 되기 시작하더니 이제는 책을 번역하고 저술까지 하게 되었다. 이 모든 것은 성령님이 주신 놀라운 선물이다.

둘째, 성령님은 감성적이시며 우리의 감성을 풍요롭게 하신다. "이와 같이 성령도 우리의 연약함을 도우시나니 우리는 마땅히 기도할 바를 알지 못하나 오직 성령이 말할 수 없는 탄식으로 우리를 위하여 친히 간구하시느니라"(로마서 8:26). 성령님은 우리가 영적으로 지쳐 있을 때 안타까워하시며 우리를 돌보시는 분이다.

내면에 우울과 불안, 근심과 걱정, 불면증과 강박증, 자살충동과 분노조절장애가 있는 사람들이 있다면 성령님의 임재를 구하라. 성령님이 임하시면 놀라운 하늘의 평안(샬롬)이 임하게 된다. 성령님이 임하시면 온갖 어두운 감정들이 조절되고 사라진다. 부활하신 예수님은 두려움 가운데 갇혀 있던 제자들에게 오셔서 딱 두 마디를 하셨다. "너희에게 평강이 있을지어다." "성령을 받으라." 성령님은 평강의 영이시다. 성령님이 임하시면 모든 불안이 사라진다.

나는 어린 시절 우울증에 빠져 자살충동에 시달리던 아이였다. 어디를 가도, 누구를 만나도 부적응감에 힘들어했고, 때로는 분노조절장애로 욕설과 싸움을 멈출 수 없었다. 그런데 성령님이 임하시고 나서 이전에 한 번도 경험하지 못한 평안을 경험하게 되었다. 환경과 상황이 달라져야만 내가 달라지는 것이 아니라, 내가 달라지면 세상이 변한다는 것을 그때 알게 되었다.

셋째, 성령님은 주도적이시며 우리의 의지를 건강하게 하신다. "무시아 앞에 이르러 비두니아로 가고자 애쓰되 예수의 영이 허락하지 아니하시는지라"(사도행전 16:7). 바울은 2차 선교여행을 떠났는데 2,000km를 가는 동안 성령님이 아시아 지역에서 전도 사역을 못 하게 하셨다고 기록하고 있다. 성령님은 하나님의 뜻을 이루기 위해 의지력을 발휘하시기 때문이다. 결국 성령님은 사도 바울이 곧장 유럽으로 건너가 복음을 전하게 하셨다.

오늘날에는 의지박약에 빠진 사람, 자기주도적 결정권이 약해진 사람이 많다. 인간을 가장 인간답게 만드는 것이 자유의지다. 그리고 하나님이 주신 최고의 선물이 자유의지다. 그런데 의지가 약해서 낙망해 있는 사람이 있는가? 혹은 의지가 약해져서 두려운 사람이 있는가? 그렇다면 성령님의 통치하심 가운데 들어가라. 성령님은 우리의 의지를 거룩하게 만드실 뿐 아니라 강하게 만드시기 때문이다.

어린 시절 나는 몇 가지 노는 일 외에는 아무런 의지가 없었다. 열심히 공부할 마음도 없었고, 사람들과 사귈 마음도 없었고, 책을 읽을 마음도 없었고, 잘 살아 보겠다는 마음도 없었다. 나중에야 알게 된 사실은, 나는 완벽주의 기질로 태어나서 뭔가를 제대로 할 수 없으면 그냥 아무것도 하고 싶지 않은 사람이라는 것이었다. 그러다 보니 자신에게 절망했고 세상을 원망하면서 욕하고 싸우고 비웃는 나쁜 의지를 품게 되었다.

돌이켜 보면 그것은 사탄이 내 안에 심어 놓은 가라지였고, 어둠의 씨앗이었다. 그러나 성령님을 뜨겁게 만나고 성령님이 내 안에 지속적으로 거하시자, 욕을 하는 것이 더럽게 느껴져서 더 이상 할 수가 없었고, 나 자신과 다른 사람을 긍휼히 여기는 사랑의 마음이 생겼으며, 하나님의 영광을 위해 공부하고 싶은 마음이 생겼다. 성령님은 나의 인생을 송두리째 바꿔 놓으셨다. 그분은 사람을 하나님의 형상으로 복원하시는 분이다.

성령님은 어떤 일을 하시는가?

너무나 감사한 것은 삼위 하나님께서 나 한 사람을 창조하시고 구원하시고 사랑하셔서, 거룩한 하나님의 사람이 되게 하기 위해 합동으로 헌신하신다는 것이다. 이런 하나님의 헌신은 이미 인간을 창조하실 때부터 시작되었고, 영원한 천국으로 우리를 인도하시기까지 계속될 것이다. 그러므로 우리는 영원하신 하나님이 가장 사랑하시는 존재라 할 수 있다.

성부	구원하시려는 뜻을 가지심	성자	구원을 가능케 하심	성령	구원을 체험케 하심

하나님은 인간이 타락하기 이전부터 세상을 구원하려는 뜻을 가지셨다. 이미 하나님의 자녀가 될 우리를 "창세 전에 … 예정하사"(에베소서 1:4-5) 당신의 마음에 품고 계셨기 때문이다. 그래서 인간이 선악과를 따먹고 타락하자마자 하나님은 구원의 계획을 선포하셨다. "여자의 후손은 네 머리를 상하게 할 것이요"(창세기 3:15). 장차 그리스도께서 오셔서 인간을 타락시킨 사탄의 권세를 깨뜨리실 것을 예고하신 것이었다.

그리고 성부 하나님의 구원의 의지를 실제로 펼치신 분이 성자 그리스도시다. "미쁘다 모든 사람이 받을 만한 이 말이여 그리스도 예수께서 죄인을 구원하시려고 세상에 임하셨다 하였도다"(디모데전서 1:15). 성자께서는 아버지의 뜻대로 십자가를 지시고 자신의 생명을 내어주심으로 우리의 죗값을 치르셨으며, 우리를 죄와 사망의 권세에서 건져내셨다. 그리고 부활하셔서 우리가 하나님 자녀만이 누리는 영원한 생명을 얻게 하셨다.

이제 성령님은 이 놀라운 구원을 날마다 맛보아 알게 해 주신다. "그 안에서 또한 믿어 약속의 성령으로 인치심을 받았으니 이는 우리 기업의 보증이 되사 그 얻으신 것을 속량하시고 그의 영광을 찬송하게 하려 하심이라"(에베소서 1:13-14). 하나님의 자녀들에게 성령님은 우리가 장차 얻을 기업, 즉 하나님 나라의 보증이 되신다. 우리가 이 땅에서 천상을 미리 경험하고, 천국에서 누릴 영생의 기쁨을 미리 맛볼 수 있는 것은 성령님의 역사 때문이다. 그러므로 성령 안에 사는 사람들은 땅에 발을 디디고도 천국을 사는 사람들이다.

성부	거룩의 기준	성자	거룩의 모범	성령	거룩의 견인
	원형 (Archetype)		교본 (Manual)		교관 (Trainer)

하나님은 우리가 거룩한 하나님의 자녀가 되기 원하신다. 그래야만 거룩하신 하나님과 동거하고 동행하는 존재가 될 수 있기 때문이다. 그래서 하나님은 에덴을 만드셨고, 그래서 성막을 지으셨고, 그래서 선지자들을 보내셨고, 그래서 아들까지 내어주셨다. "서로 불러 이르되 거룩하다 거룩하다 거룩하다 만군의 여호와여 그의 영광이 온 땅에 충만하도다 하더라"(이사야 6:3). 하나님은 지극히 거룩한 하늘의 성소에 계시는 거룩의 원형Archetype이시다.

하지만 우리는 거룩하신 하나님 앞에 나아갈 수 있는 존재가 못 된다. 그런 우리를 당신의 십자가 보혈로 씻으시고 의롭고 거룩한 하나님의 자녀라고 불러 주신 분이 성자 그리스도시다. 그뿐만 아니라 그리스도께서는 사람의 몸을 입고서 어떻게 사는 것이 거룩한 삶인지를 보여 주셨다. 그러므로 이제 우리는 거룩의 모범Example이자 교본Manual이 되어 주신 예수 그리스도를 본받는 삶을 살면 된다. "너희 안에 이 마음을 품으라 곧 그리스도 예수의 마음이니"(빌립보서 2:5). "하나님이 너희로 그리스도 예수를 본받아 서로 뜻이 같게 하여 주사"(로마서 15:5).

성부 하나님께서 거룩의 목표 지점이 되어 주셨고, 성자 그리스도께서 우리에게 거룩이 어떤 것인지 보여 주셨지만, 우리는 바로 거룩의 시동이 걸리지 않는다. 왜 그럴까? 성부께서 우리 영혼에 복음의 엔진을 달아 주셨어도 성령의 기름을 부어 주셔야 달리는 힘이 생기기 때문이다(성령의 성화의 역사에 대해서는 7장 앞부분에 자세히 설명했다).

신앙생활을 하면서 삼위일체 하나님께 큰 우를 범하는 경우들이 있다. 성부 하나님을 세상을 창조하기만 하고 개입하지는 않는 무심한 분으로 여기는 이신론理神論, Deism에 빠지는 경우, 예수 그리스도는 우리 평생의 모범이 되시는데 그분을 그저 구원의 통과의례 수준으로만 여기는 경우, 성령님께서 날마다 우리를 거룩한 삶으로 인도하시는데 성령님은 굳이 알 필요 없다고 치부하는 경우다.

삼위일체 하나님은 우리의 믿음과 예배를 받으시는 분이다. 그런데 하나님이 우리 인생과 역사에 사랑과 공의로 섭리하심을 모른다면, 그리스도께서 내 영혼의 보좌에 앉으사 다스리시는 삶을 경험하지 못한다면, 성령님께서 날마다 순간마다 감동을 주시고 인도하시는 친밀한 교제를 맛보지 못한다면, 우리는 형식적인 종교인으로 전락할 수밖에 없다.

성령 하나님, 우리를 인도하소서!

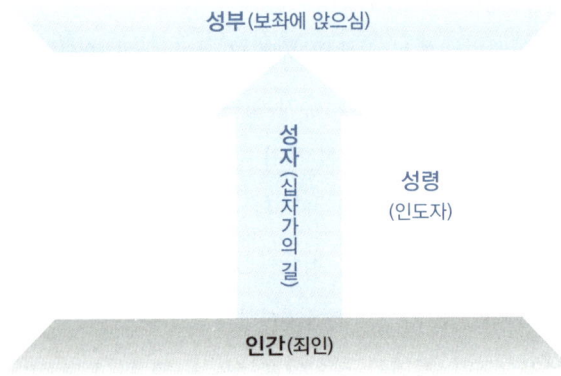

한 운전자가 고속도로를 따라 장거리 운전을 하고 있었다. 그런데 점점 피곤하고 집중력이 흐려지면서 몇 차례 차선을 넘을 뻔했다. 그때 자동 운전 기능 ADAS, Advanced Driver Assistance System이 작동됐다. 차선을 벗어나려 할 때마다 차가 자동으로 조정되었다. 전방 차량과의 거리를 조절해서 사고를 방지해 주었다. 그리고 최종 목적지를 향해 안정적으로 운전할 수 있도록 도와주었다.

우리의 신앙 여정에서 성령님은 마치 자동 운전 시스템과 같은 역할을 해주신다. 우리는 때때로 유혹과 시험으로 인해 올바른 길에서 벗어날 위험에 처한다. 그러나 성령님은 우리 안에서 역사하시며, 우리의 신앙을 붙들어 주시고, 최종 목적지인 하나님 나라에 이를 수 있도록 견인해 주시

는 분이다.[39]

하나님은 우리를 하나님과의 친밀한 만남의 자리로 초대해 주신다. 그러나 죄인인 인간은 하나님의 거룩한 보좌 앞에 감히 나아갈 수가 없다. 그래서 예수님께서 십자가를 통해 아버지 앞에 담대히 나아갈 수 있는 길을 열어 놓아 주셨다. 그리고 그 길을 갈 때 마치 웨딩마치를 하는 신부를 신부 아버지가 인도하듯이, 성령님께서 우리를 걸음걸음 인도하여 주신다.

"이는 그로 말미암아 우리 둘이 한 성령 안에서 아버지께 나아감을 얻게 하려 하심이라"(에베소서 2:18). 예수 그리스도로 말미암아 아버지 하나님께 나아갈 길이 열렸는데, 그 길을 내 마음대로 가는 것이 아니라 성령 안에서 나아간다고 말씀하신다! 이것이 참된 예배의 그림이요, 참된 신앙의 그림이다. 우리는 그리스도를 의지하여 성령 안에서 하나님 아버지께 예배하는 것이다! 우리는 그리스도를 본받아 성령의 인도하심을 따라 아버지의 뜻을 이루는 삶을 살아가는 것이다! 우리는 그렇게 날마다 삼위일체 하나님과 동행하며 살아간다.

그러므로 우리는 성령님께 날마다 겸손히 "저의 삶을 인도하소서"라고 간구해야 한다. "너희가 육신대로 살면 반드시 죽을 것이로되 영으로써 몸의 행실을 죽이면 살리니 무릇 하나님의 영으로 인도함을 받는 사람은 곧 하나님의 아들이라"(로마서 8:13-14).

성령님이 임하시면?

예수님이 부활하시고 승천하신 이후에 제자들은 마가의 다락방에 들어가서 전심으로 기도하던 중에 성령님을 선물로 받았다. 신앙생활을 하면서 성령님이 내 안에 충만히 거하시면 그 기쁨과 충만함은 이루 말로 표현할 수 없다. 그러면 당신은 성령님의 임재를 체험했는가?

성령님의 임재를 사모하라. 간구하라. 성령님이 임하시면 다음과 같은 일을 하신다. 그리스도인의 삶에 전방위적으로 아름답고 놀라운 일들을 행하신다.

- 성부 하나님을 아버지라고 고백하게 하신다.
 "너희는 다시 무서워하는 종의 영을 받지 아니하고 양자의 영을 받았으므로 우리가 아빠 아버지라고 부르짖느니라 성령이 친히 우리의 영과 더불어 우리가 하나님의 자녀인 것을 증언하시나니"_로마서 8:15-16

- 성자 예수님을 나의 구원자, 나의 주님으로 고백하게 하신다.
 "성령으로 아니하고는 누구든지 예수를 주시라 할 수 없느니라"_고린도전서 12:3

- 진리를 깨우쳐 주시고 하나님의 뜻을 알려 주신다.
 "그러나 진리의 성령이 오시면 그가 너희를 모든 진리 가운데로 인도하시리니 그가 스스로 말하지 않고 오직

들은 것을 말하며 장래 일을 너희에게 알리시리라"_요한복음 16:13

- 육체의 소욕을 이기게 하신다.

"내가 이르노니 너희는 성령을 따라 행하라 그리하면 육체의 욕심을 이루지 아니하리라 육체의 소욕은 성령을 거스르고 성령은 육체를 거스르나니 이 둘이 서로 대적함으로 너희가 원하는 것을 하지 못하게 하려 함이니라"_갈라디아서 5:16-17

- 영적인 자유, 내면적인 자유를 주신다.

"주는 영이시니 주의 영이 계신 곳에는 자유가 있느니라"_고린도후서 3:17

- 영적으로 승리하게 하신다.

"성령의 검 곧 하나님의 말씀을 가지라"_에베소서 6:17
"그러나 내가 하나님의 성령을 힘입어 귀신을 쫓아내는 것이면 하나님의 나라가 이미 너희에게 임하였느니라"_마태복음 12:28

- 성령의 은사, 곧 하나님의 선물을 주신다.

"어떤 사람에게는 성령으로 말미암아 지혜의 말씀을, 어떤 사람에게는 같은 성령을 따라 지식의 말씀을, 다른 사람에게는 같은 성령으로 믿음을, 어떤 사람에게는 한 성령으로 병 고치는 은사를, 어떤 사람에게는 능력 행함을, 어떤 사람에게는 예언함을, 어떤 사람에게는 영들 분별함을, 다른 사람에게는 각종 방언 말함을, 어떤 사람에게는 방언들 통역함을 주시나니 이 모든 일은 같은 한 성령이 행하사 그의 뜻대로 각 사람에게 나누어 주시는 것이니라" _고린도전서 12:8-11

- 성령의 열매, 곧 하나님의 성품을 주신다.

 "오직 성령의 열매는 사랑과 희락과 화평과 오래 참음과 자비와 양선과 충성과 온유와 절제니 이같은 것을 금지할 법이 없느니라" _갈라디아서 5:22-23

- 내가 만난 예수 그리스도를 증거하게 하신다.

 "오직 성령이 너희에게 임하시면 너희가 권능을 받고 예루살렘과 온 유대와 사마리아와 땅 끝까지 이르러 내 증인이 되리라 하시니라" _사도행전 1:8

- 세상 앞에 담대하게 선포하게 하신다.

 "사람이 너희를 회당이나 위정자나 권세 있는 자 앞에 끌고 가거든 어떻게 무엇으로 대답하며 무엇으로 말할까 염려하지 말라 마땅히 할 말을 성령이 곧 그 때에 너희에게 가르치시리라 하시니라" _누가복음 12:11-12

그러므로 예수님을 믿지만 아직 성령 체험이 없는 성도들은 성령님의 충만한 임재하심을 사모하라. 이전에 성령 체험을 했지만 하나님과 멀어졌던 성도들도 성령님께 다시 충만히 임재하시기를 간구하라. 아무리 멋진 자동차가 있어도, 아무리 훌륭한 엔진을 달았어도 기름을 부어야만 달릴 수 있는 법이다. 그리스도인이 비로소 그리스도인답게 살 수 있도록 영적 능력을 주시는 분이 바로 성령님이시다.

오늘날 이 시대는 미혹의 시대가 되었다. 할 수만 있다면 믿는 자들까지도 미혹케 하려는 사탄의 움직임이 강해진 시대다. 하지만 성령의 사람들은 이 모든 것을 분별할 힘이 생긴다. 성령님은 우리를 과도한 열광주의나 신비주의로 치우치게 하지 않으시고 오히려 인격적인 하나님께로 인도하시고 참 주님이신 예수 그리스도께로 인도하시기 때문에, 진리의 성령님 안에 거하면 이 역사의 마지막 때에 온전한 하나님의 사람들로 남게 될 것이다.

한 은행원이 있었다. 그는 은행에서 위조지폐를 감별하는 훈련을 받았다. 그런데 그 훈련이 좀 독특했다. 다양한 위조지폐의 사례들을 배우는 것이 아니라, 진짜 지폐를 철저하게 익히는 교육을 받았다. 진짜 지폐의 재질과 촉감, 인쇄 패턴과 빛깔을 반복해서 익혔다. 그러다 보니 어느 날 위조지폐를 보면 그것이 가짜라는 것을 즉시 알아차릴 수 있었다. 왜냐하면 그는 진짜를 너무나 확실히 알고 있었기 때문이다.[40]

이처럼 성령님은 우리를 하나님의 진리 가운데로 인도하시는 분이며, 하나님을 아버지로 고백하고 예수님을 구주로 고백하게 하시는 분이기에, 우리가 다른 어떤 거짓된 길로도 치우치지 않도록 인도해 주신다. 오늘날에는 세속주의 사상과 거짓된 이단 사이비들이 난무하고 있다. 21세기는 온갖 혼합종교와 신흥종교가 창궐하고 극단적 인본주의와 무신론이 활동하는 시대가 되었다. 그럴수록 우리는 성령님의 깨우치심 가운데 영적 분별력을 유지하며 살아야 한다.

이 마지막 시대에 성령을 따라 사는 영적인 그리스도인이 되겠는가, 아니면 육체의 소욕을 따르는 세상적인 그리스도인이 되겠는가? 하나님의 백성들이여, 천성문 앞에 이르는 당신의 천로역정天路歷程이 부끄러운 여정이 되지 않도록 깨어 일어나자.

그리고 우리를 지극히 사랑하시고 우리를 그분의 최선의 구원 섭리 안에서 완성해 가실 성삼위일체 하나님께 찬송과 영광과 존귀와 권세를 돌려 드리자!

"주 예수 그리스도의 은혜와 하나님의 사랑과 성령의 교통하심이 너희 무리와 함께 있을지어다"_고린도후서 13:13

주

1) 프리드리히 니체,「즐거운 지식」, 권영숙 옮김 (청하, 1998)
2) 버트런드 러셀,「나는 왜 기독교인이 아닌가」, 송은경 옮김 (사회평론, 2005)
3) 리처드 도킨스,「만들어진 신」, 이한음 옮김 (김영사, 2007)
4) 존 레녹스,「신을 죽이려는 사람들」, 홍종락 옮김 (두란노, 2017)
5) 알리스터 맥그래스, 조애나 맥그라스,「도킨스의 망상」, 전성민 옮김 (살림, 2008)
6) 파라마한사 요가난다,「요가난다, 영혼의 자서전」, 김정우 옮김 (뜨란, 2014)
7) 리 스트로벨,「리 스트로벨의 예수 그리스도」, 홍종락 옮김 (두란노, 2009)
8) H. Huxley, T., *Collected Essays, Vol. V: Science and Christian Tradition* (Alpha Edition, 2011)
9) 리처드 도킨스,「만들어진 신」, 이한음 옮김 (김영사, 2007)
10) 라비 재커라이어스,「인생: 예수와 부처의 위대한 대화」, 이상준 옮김 (두란노, 2002)
11) 김월운,「중아함경」(동국역경원, 2006)
12) 이븐 이샤크,「무함마드 전기」, 김동문 옮김 (꾸란출판사, 2004)
13) 라비 재커라이어스,「오직 예수2」, 이상준 옮김 (두란노, 2017)
14) 리처드 도킨스,「만들어진 신」, 이한음 옮김 (김영사, 2007)
15) 존 레녹스,「신을 죽이려는 사람들」, 홍종락 옮김 (두란노, 2017)
16) 라비 재커라이어스,「오직 예수」, 이상준 옮김 (두란노, 2016)
17) 리 스트로벨,「창조설계의 비밀」(두란노, 2005)
18) 프랭크 데렉 키드너,「키드너 시편주석」, 김경태 옮김 (두란노, 2020)

19) 빌더 슈미트,「왜 하나님은 악을 허용하시는가?」, 조은호 옮김 (IVP, 1989)
20) 필립 얀시,「놀라운 하나님의 은혜」, 윤종석 옮김 (IVP, 1999)
21) 로렌스 형제,「하나님의 임재 연습」, 윤종석 옮김 (두란노, 2018)
22) 조지 뮬러,「주님과 조지 뮬러의 동행 일지」, 김진우 옮김 (생명의 말씀사, 2009)
23) 팀 켈러,「팀 켈러의 예수, 예수」, 윤종석 옮김 (두란노, 2017)
24) 프랜시스 챈, 프레스턴 스프링클,「지옥은 없다?」, 이상준 옮김 (두란노, 2011)
25) 아놀드 A. 델리모어,「조지 윗필드」, 오현미 옮김 (두란노, 2001)
26) 찰스 스펄전,「스펄전의 외침」, 김태곤 옮김 (생명의말씀사, 2014)
27) 익나티우스 브리안카니노프,「그리스도를 본받아 사는 생활」, 엄성옥 옮김 (은성, 2006)
28) 찰스 스펄전,「구원의 은혜」, 박범용 옮김 (생명의말씀사, 2006년)
29) 팀 켈러,「팀 켈러의 왕의 십자가」, 정성묵 옮김 (두란노, 2013)
30) 필립 얀시,「하나님 당신께 실망했습니다」, 최병채 옮김 (좋은씨앗, 2007)
31) 필립 얀시,「놀라운 하나님의 은혜」, 윤종석 옮김 (IVP, 1999)
32) 지용근 외,「한국교회 트렌드 2025」(규장, 2025)
33) 이상준,「보라통독」(두란노, 2021)
34) 이상준,「보라통독」(두란노, 2021)
35) 이상준,「보라통독」(두란노, 2021)
36) 이상준,「신의 언어」(두란노, 2019)
37) 존 파이퍼,「하나님을 기뻐하라」, 박대영 옮김 (생명의말씀사, 2009)
38) C. S. 루이스,「순전한 기독교」, 이종태, 장경철 옮김 (홍성사, 2001)
39) 웨인 그루뎀,「조직신학 중: 성령론」, 노진준 옮김 (은성, 2009)
40) R. C. 스프롤,「하나님의 거룩하심」, 김진우 옮김 (생명의말씀사, 1995)

새신자가 묻다

1판 1쇄	2025년 5월 15일
1판 3쇄	2025년 9월 25일
지은이	이상준
발행인	조애신
편집	이소연
디자인	임은미
마케팅	전필영
경영지원	전두표
발행처	도서출판 토기장이
주소	서울시 마포구 동교로 71-1 2F
출판등록	1998년 5월 29일 제1998-000070호
전화	02-3143-0400
팩스	0505-300-0646
이메일	tletter77@naver.com
인스타그램	togijangi_books_
ISBN	978-89-7782-548-2

- 이 책은 저작권 법에 따라 보호를 받는 저작물이므로 무단 전재와 무단 복제를 금합니다.
- 이 책의 전부 또는 일부를 이용하려면 반드시 저자와 도서출판 토기장이의 동의를 받아야 합니다.

도서출판 토기장이는 생명 있는 책만 만듭니다.
"우리는 진흙이요 주는 토기장이시니 우리는 다 주의 손으로 지으신 것이니이다" (이사야 64:8)